海绵城市
建设与水环境治理研究

于开红 著

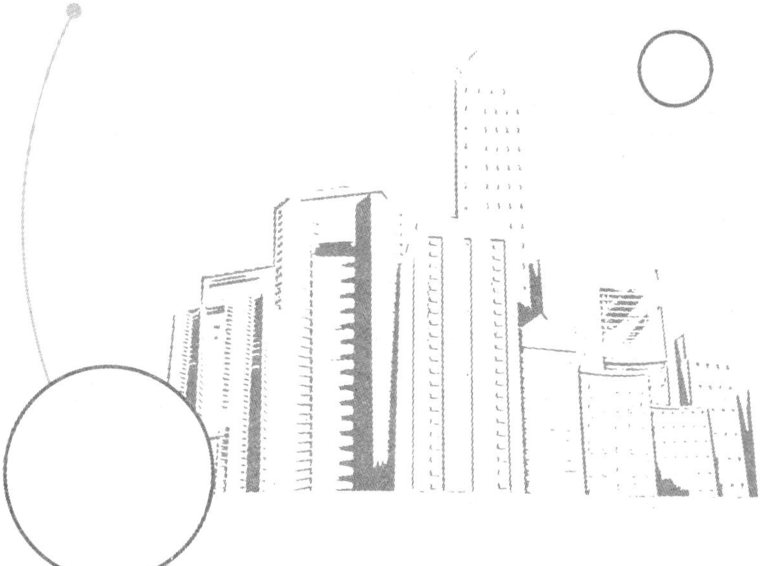

四川大学出版社

项目策划：许　奕
责任编辑：张　澄
责任校对：王　锋
封面设计：墨创文化
责任印制：王　炜

图书在版编目（CIP）数据

海绵城市建设与水环境治理研究 / 于开红著. — 成都：四川大学出版社，2020.7
ISBN 978-7-5690-3461-5

Ⅰ．①海… Ⅱ．①于… Ⅲ．①城市建设－研究－中国 ②水环境－综合治理－研究－中国 Ⅳ．① F299.2 ② X143

中国版本图书馆 CIP 数据核字（2020）第 156468 号

书　名	海绵城市建设与水环境治理研究
	HAIMIAN CHENGSHI JIANSHE YU SHUIHUANJING ZHILI YANJIU
著　者	于开红
出　版	四川大学出版社
地　址	成都市一环路南一段 24 号（610065）
发　行	四川大学出版社
书　号	ISBN 978-7-5690-3461-5
印前制作	四川胜翔数码印务设计有限公司
印　刷	郫县犀浦印刷厂
成品尺寸	148mm×210mm
印　张	2.5
字　数	64 千字
版　次	2020 年 12 月第 1 版
印　次	2020 年 12 月第 1 次印刷
定　价	26.00 元

版权所有 ◆ 侵权必究

◆ 读者邮购本书，请与本社发行科联系。
电话：(028)85408408/(028)85401670/(028)86408023　邮政编码：610065
◆ 本社图书如有印装质量问题，请寄回出版社调换。
◆ 网址：http://press.scu.edu.cn

四川大学出版社
微信公众号

目 录

第一章 选题背景及意义 …………………………………（1）
 第一节 选题背景 ……………………………………（1）
 第二节 选题意义 ……………………………………（6）

第二章 海绵城市的不同理念及其理论基础重构 …………（8）
 第一节 海绵城市的不同理念 ………………………（8）
 第二节 全球海绵城市理念的共同理论缺陷 ………（20）
 第三节 中国古代城市建设的"海绵"智慧 …………（23）
 第四节 重构中国特色海绵城市的理论基础 ………（30）

第三章 海绵城市建设与水环境治理的关系 ……………（36）
 第一节 城市水环境与区域水环境的关系 …………（36）
 第二节 城市生态环境与水生态环境的关系 ………（38）
 第三节 区域水环境的治理与改善需要海绵城市作为支撑
  ………………………………………………………（39）

第四章 三峡库区水环境与城市建设现状及问题 ………（41）
 第一节 三峡库区水环境现状及问题 ………………（41）
 第二节 三峡库区典型区域万州区的水环境现状与问题
  调查 …………………………………………………（45）
 第三节 三峡库区海绵城市建设现状——以万州区为例
  ………………………………………………………（51）

第四节 万州区城市建设存在的问题……………（57）

第五章 国内外海绵城市建设的模式……………（61）

第一节 国外海绵城市建设模式……………（61）

第二节 国内海绵城市建设模式……………（64）

第六章 以海绵城市建设为契机促进水环境治理的方案
………………………………………………（67）

第一节 从观念转变的角度出发，重视海绵城市的理论
建设……………………………………（67）

第二节 因地制宜地应用海绵技术，保证技术使用绿色
化、中国化……………………………（68）

第三节 构建海绵城市建设投融资机制，加快城市水环
境治理…………………………………（69）

第四节 注重原生态景观建设，促进库区生态环境的保
护与修复………………………………（73）

第五节 构建立体的雨洪循环利用系统，高效回收利用
水资源…………………………………（74）

第一章 选题背景及意义

第一节 选题背景

一、全球水资源问题越来越突出

从古至今，人类围绕水资源发动的大大小小的战争不胜枚举。从全球的水环境状况来看，世界各国洪涝和干旱时有发生，每年都有数以亿计的人受到洪涝和干旱的威胁与伤害。进入 21 世纪后，人类对水资源的开发和利用不断增加，水资源短缺问题已经成为突出的全球性生态问题。

就中国而言，人均水资源较匮乏。从地理分布情况看，我国的水资源分布还存在严重的南北差异，南方水系约占全国水资源的 81%，而北方水系仅约占 19%。由于气候原因，我国还经常出现夏涝春旱、夏涝冬旱的现象，2007—2013 年，全国多个城市遭受内涝灾害，其中内涝超过 12 小时的城市约占六分之一。在内涝频发的同时，城市缺水问题也相当突出。2014 年，住房城乡建设部的数据显示，全国近一半的城市处在"缺水"和"严重缺水"的区间,形势不容乐观①。除此之外,随着中国城市化进程的不断推进,城市产业发展和人口规模扩张,城市用水量将不断增加,水污染问题,特别是水系统的面源污染(非点源污染)也将不断加剧。因而,城市缺水问题可能会越来越严重,而且"逢雨必涝""逢雨看海"的城市内涝问题也加重了城市水资源的浪费和污染。

在水资源相对丰富的三峡库区,水资源问题也一直存在。作为我国重要的水陆交通通道、长江中下游的生态屏障,以及长江经济带重要组成部分的三峡库区,长期以来由于自然因素和人为因素的双重影响,经常发生山体滑坡、小规模地震、泥石流、城市内涝等自然灾害,对库区脆弱的生态环境造成了严重的破坏,使人民生命财产安全受到严重威胁。

所有这些与水资源相关的问题,都反映出我国当前水生态系统面临严峻挑战。随着我国人口的增长和经济的持续发展,各产业生态用水和城乡居民生活用水将呈逐年增加的态势,我国水资源缺乏的问题必将进一步凸显。因此,如何做到更加合理、高效、节约地利用城市水资源,并将泛滥成灾的雨洪转化为珍贵的城市水资源,同时降低城市水污染程度,是当前我国城市建设和管理中亟须解决的重要问题。

在上述背景下,以水资源综合治理为核心的现代城市雨洪管理理念——海绵城市(Sponge City,SC),在全国范围内逐渐流行起来,并成为当前中国城市建设的重要目标。

---

① 李景. 城市缺水困境待解 [N]. 经济日报,2014-05-26.

二、海绵城市建设在我国正逐步展开

海绵城市在我国是一个崭新的概念,其在我国最早被提及要追溯到 2012 年 4 月在深圳举办的"2012 低碳城市与区域发展科技论坛"。次年 12 月,中央城镇化工作会议提出,今后的城市建设在提升城市排水系统时,要优先考虑把有限的雨水留下来,优先考虑更多利用自然力量排水,建设自然积存、自然渗透、自然净化的"海绵城市"。

许多城市提出生态城市口号,但思路确实大树进城、开山造地、人造景观、填湖填海等。这不是建设生态文明,而是破坏自然生态。

2014 年 2 月住房城乡建设部印发的《住房和城乡建设部城市建设司 2014 年工作要点》(建城综函〔2014〕23 号)提出,贯彻落实《城市排水(雨水)防涝综合规划编制大纲》,会同发展改革委在各地专项规划的基础上,编制《全国城市排水防涝设施建设规划》,争取中央资金支持项目建设。督促各地加快雨污分流改造,提高城市排水防涝水平,大力推行低影响开发建设模式,加快研究建设海绵型城市的政策措施。

2014 年 10 月住房城乡建设部印发的《海绵城市建设技术指南——低影响开发雨水系统构建(试行)》(建城函〔2014〕275 号)指出,海绵城市是指城市能够像海绵一样,在适应环境变化和应对自然灾害等方面具有良好的"弹性",下雨时吸水、蓄水、渗水、净水,需要时将蓄存的水"释放"并加以利用。海绵城市建设应遵循生态优先等原则,将自然途径与人工措施相结合,在确保城市排水防涝安全的前提下,最大限度地实现雨水在城市区域的积存、渗透和净化，促进雨水资源的利用和生态环境保护。在海绵城市建设过程中，应统筹自然降水、地表水和地下水的系统性，协调给水、排水等水循环利用各环节，并考虑其复杂性和长期性。

2015年4月，财政部公布了河北省迁安市、吉林省白城市等16个城市作为海绵城市试点建设城市。2015年7月，住房城乡建设部办公厅印发了《海绵城市建设绩效评价与考核办法（试行）》（建办城函〔2015〕635号），加强对试点城市的海绵城市建设的引导和规范。

2015年10月，国务院办公厅颁布的《国务院办公厅关于推进海绵城市建设的指导意见》（国办发〔2015〕75号）指出，通过海绵城市建设，综合采取"渗、滞、蓄、净、用、排"等措施，最大限度地减少城市开发建设对生态环境的影响，将70%的降雨就地消纳和利用。到2020年，城市建成区20%以上的面积达到目标要求；到2030年，城市建成区80%以上的面积达到目标要求。

2016年2月，国务院颁布的《国务院关于深入推进新型城镇化建设的若干意见》（国发〔2016〕8号）指出，在城市新区、各类园区、成片开发区全面推进海绵城市建设。在老城区结合棚户区、危房改造和老旧小区有机更新，妥善解决城市防洪安全、雨水收集利用、黑臭水体治理等问题。加强海绵型建筑与小区、海绵型道路与广场、海绵型公园与绿地、绿色蓄排与净化利用设施等建设。加强自然水系保护与生态修复，切实保护良好水体和饮用水源。

党的十九大报告指出，实施重要生态系统保护和修复重大工程，优化生态安全屏障体系，构建生态廊道和生物多样性保护网络，提升生态系统质量和稳定性。完成生态保护红线、永久基本农田、城镇开发边界三条控制线划定工作。开展国土绿化行动，推进荒漠化、石漠化、水土流失综合治理，强化湿地保护和恢复，加强地质灾害防治。完善天然林保护制度，扩大退耕还林还草。严格保护耕地，扩大轮作休耕试点，健全耕地草原森林河流湖泊休养生息制度，建立市场化、多元化生态补偿机制。

由此可见，生态环境的保护与恢复在我国已经提上议事日程，各级政府部门也在不断出台相应的规章制度、考评指标等。这其中就包括了海绵城市建设，它是我国生态环境保护与恢复的重要内容。因此，我们有必要对海绵城市的理论及内涵进行科学认识和系统理解，并在全国范围内加快海绵城市建设技术、经验和优秀案例的推广，有效避免理念和行动上的混乱，减少自然资源和社会资产的巨大浪费。

三、海绵城市理论与实践研究仍有疏漏与不足

对海绵城市理论与实践进行研究的学者大多聚集在城市建设、市政管理、工程技术等理工科领域，政治经济学、生态经济学等领域的研究并不多见。目前，国内学者对海绵城市理论的研究多是从生态理论和产业理论的角度展开的。对于生态环境保护与恢复的研究，国内学者的成果相对丰富。但是，从国内目前的研究成果来看，将海绵城市理论运用于我国生态环境保护与修复的研究还不多见。海绵城市这一概念的最初含义与当前的含义已经完全不同，基于当前的海绵城市理论，国外学者的研究目光更多聚焦于绿色基础设施（Green Infrastructure，GI）及绿色雨水基础设施（Green Stormwater Infrastructure，GSI）等方面，倾

向于从城市景观设计、空间规划或海绵公园建设等角度，去实现水资源利用与废水利用的水量平衡，在提升环境质量的同时，兼顾生态发展、生物多样性等城市建设问题的解决。然而，生态经济学，特别是生态学马克思主义的方法和理论并未得到充分运用，这是本书研究的突破点和研究的学术倾向。

因此，本书试图从生态学马克思主义的原理和方法出发，对当前的海绵城市建设理论和实践进行重新审视，突破传统海绵城市建设就"海绵"谈"海绵"、就"绿色"谈"绿色"的思想局限，搭建海绵城市理论基础。以重庆市万州区为例，分析山地城市环境下，城市水资源的综合治理和利用，构建适合山地城市的海绵城市模式，为三峡库区生态环境，特别是水环境的保护与修复提供必要的参考和借鉴。

第二节 选题意义

一、理论意义

生态环境问题是我国当前社会经济发展过程中必须解决的重要问题，丰富和发展生态环境保护和修复的相关理论是对中国特色社会主义理论的践行和发展。作为我国长江中下游生态环境重要屏障的三峡库区，其生态环境的保护和修复工作不仅仅是一个区域议题，更是关系到全国大环境的重要议题。利用海绵城市理论保护和修复库区生态环境，一方面可以在吸收国外理论的基础上，使海绵城市理论中国化；另一方面，将海绵城市理论与生态学马克思主义相结合,可以促进海绵城市理论的科学化发展。

二、实践意义

2015年4月,重庆市与其他15个城市入围国家第一批海绵城市建设试点城市名单,市政府计划在涪陵、丰都、万州、开县等三峡库区涉及的区县进一步推行海绵城市建设。三峡库区与其他地区在地理、气候等方面存在较大的差异,降水通常又急又猛,很容易造成山体滑坡、泥石流、城市内涝等自然灾害,威胁人民生命财产安全。为此,以海绵城市理论为基础,研究三峡库区的生态环境,特别是水环境的保护与修复,有助于重庆市尽快形成适合山地城市的"重庆标准"和"重庆范例",丰富和发展包括不同地域、不同城市的海绵城市建设指南,有利于我们更好地保护长江流域水质。

第二章 海绵城市的不同理念及其理论基础重构

第一节 海绵城市的不同理念

基于雨洪泛滥、城市缺水等问题，全球范围内掀起了一场以城市雨洪管理为核心的现代城市雨洪治理运动。其核心理念是减少雨洪的径流量损失，尽可能将其积蓄下来，补充城市用水；或渗入地下，补充地下水量，最终达到调节城市用水、减轻热岛效应、修复城市生态，从而减少雨洪对城市的危害的目的。现有的相关设计或设施包括美国的绿色基础设施、绿色雨水基础设施、最佳流域管理措施、低影响开发（Low Impact Development，LID）、英国的可持续城市排水系统（Sustainable Urban Drainage System，SUDS）、加拿大的最佳管理措施流域评价（Watershed Evaluation of BMPs，WEBs）、新西兰的低影响城市开发与设计（Low Impact Urban Development and Design，LIUDD）、澳大利亚的水敏感城市设计（Water Sensitive Urban Design，WSUD），以及当前中国部分城市正在试点建设的海绵城市等，尽管其理念及主张各有不同，但究其运行机制和运行目的，都可以纳入海绵城市

第二章 海绵城市的不同理念及其理论基础重构

建设理念。

一、从生态学和环境科学理论出发

有专家认为，海绵城市建设的目的是构建城市"生态化""绿色化"的基础设施，改善和协调城市的生态功能。

起源于20世纪末的美国绿色基础设施工作小组提出了绿色基础设施的概念，并认为以综合调控为主的绿色基础设施与传统的由钢筋水泥建成的、以排为主的灰色基础设施不同。绿色基础设施是"国家的自然生命支持系统"——一个由水道、湿地、森林、野生动物栖息地和其他自然区域，绿道、公园和其他保护区域，农场、牧场和森林，荒野和其他维持原生物种、自然生态过程和保护空气和水资源以及提高美国社区和人民生活质量的荒野和开敞空间所组成的相互连接的网络[1]。同时，绿色基础设施还是一个绿色雨洪设施，是一个从源头上使雨水渗入地表、蒸发或者再利用的系统。简单地说，绿色基础设施就是一个相互联系的绿色空间网络，由开放的源斑块和连接廊道组成[2]，建议人们在城市基础设施的建设过程中，通过连接廊道将城市的绿地，绿廊，水系，自然、半自然、人工多功能绿地和开放空间等源斑块连接起来，以尽可能减少大量自然景观的人为阻断和基质破碎化。同时，根据自然环境和地形地貌，确定文化、生态、可供开发、农业、娱乐五类空间引导建设，从而为土地开发及土地保护

---

[1] 吴伟，付喜娥. 绿色基础设施概念及其研究进展综述 [J]. 国际城市规划，2009，24（5）：67—71.

[2] Mark A. Benedict, Edward T. McMahon. Green Infrastructure: Linking landscape and communities [M]. Washington DC: Island Press, 2006.

等提供决策框架。

为了降低农业点源和非点源（或称面源）污染，减少农业污染物对水资源的影响，以美国（1972年）为首的国家提出了最佳流域管理措施，希望通过技术、经济和管理相结合[①]的工程性或非工程性的操作，来预防和控制农业的非点源污染[②]。其中，工程性的操作主要指用于减污、减沙、洪水排控等具有一定物理结构的措施，如沉沙池、过滤带、湿地缓冲区、植物篱等；非工程性的操作指一些新管理措施或对现有管理措施进行改进的操作，如耕作管理、养分管理、景观管理等。

有学者认为，海绵城市的本质就是实现城市与资源环境的协调发展，让城市"弹性适应"环境变化与自然灾害[③]。另有学者认为，选择可持续城市排水系统（Sustainable Urban Drainage System，SUDS）的主要原因就是现代城市的建设和扩张对城市水系产生了巨大影响，包括径流条件改变、水面面积减少、水体污染和防洪排涝风险增大等，SUDS不仅具有防洪和雨水利用的作用，而且能减轻城市水系的污染程度，保证现代城市的可持续发展[④]。

也有学者认为，海绵城市基本的、具有支撑作用的两个理论

[①] GSWCC. Best Management Practices for Georgia Agriculture：Conservation Practices to Protect Surface Water Quality [EB/OL]. http：//www.Gaswcc.org/docs/ag_bmp_Manual.pdf.

[②] 于峰，史正涛，彭海英. 农业非点源污染研究综述 [J]. 环境科学与管理，2008（8）：54－58.

[③] 仇保兴. 海绵城市（LID）的内涵、途径与展望 [J]. 给水排水，2015，41（3）：1－7.

[④] 郝天文. 城市建设对水系的影响及可持续城市排水系统的应用 [J]. 给水排水，2005，31（11）：39－42.

第二章 海绵城市的不同理念及其理论基础重构

是水循环理论和水生态系统理论①，并认为研究者只有充分了解水循环的整个过程，才能从宏观层面了解水资源正常循环带来的径流形成与汇聚、污染物迁移等过程②。由此，有学者得出结论：海绵城市中的"积存、渗透、净化"过程就是水循环过程的一部分。同时，有学者认为海绵城市的最终目标就是保护水生态系统的完整性和连续性。有学者还将与海绵城市有关的雨水利用、防洪排涝、污水排放和水环境保护等纳入城市水生态系统的研究范畴，从而建立海绵城市与水生态系统之间的联系③。还有学者从河流生态学、生态水利学等理论出发，论述了现代水利工程（纳入灰色基础设施）对生态造成的负面影响④。这些研究为与海绵城市有关的城市河流生态修复、雨洪管理等奠定了理论基础。

景观生态学也是部分学者研究海绵城市的出发点，并认为海绵城市建设是景观生态学的体现，体现着景观生态学中格局与过程研究的关系⑤，比如景观格局与热岛效应的关系⑥、绿地景观

---

① 俞孔坚，等. 海绵城市——理论与实践（上）[M]. 北京：中国建筑工业出版社，2016.
② 陈敏建. 水循环生态效应与区域生态需水类型 [J]. 水利学报，2007，38 (3)：282－288.
③ 王沛芳，王超，冯骞，等. 城市水生态系统建设模式研究进展 [J]. 河海大学学报（自然科学版），2003，31 (5)：485－489.
④ 董哲仁. 河流生态系统研究的理论框架 [J]. 水利学报，2009，40 (2)：129－137.
⑤ 睢晋玲，刘淼，李春林，等. 海绵城市规划及景观生态学启示——以盘锦市辽东湾新区为例 [J]. 应用生态学报，2017，28 (3)：975－982.
⑥ Li J X, Song C H, Cao L, et al. Impacts of landscape structure on surface urban heat islands: A case study of Shanghai, China [J]. Remote Sensing of Environment，2011，115：3249－3263.

与城市舒适度的关系[①]，以及城市用地与城市生态、环境污染、生物多样性[②]、城市雨洪[③]等的关系。

二、从管理学理论出发

有学者认为，海绵城市的建设其实就是对城市水资源、污染源等的一系列管理活动。

20世纪90年代，澳大利亚学者针对澳大利亚这样一个水资源相对缺乏的国家，设计了一套雨水管理模式，即水敏感城市设计（Water Sensitive Urban Design，WSUD）。WSUD是考虑了自然水循环和生态过程的水环境管理系统设计。这一系统不仅包括对城市雨洪的管理，还涉及流域间水传输（给水供应、废水排放）的管理和城市雨水的收集与利用等。另外，它还主张将自然水文循环与城市规划进行有机结合，以实现人类开发活动对城市水循环的最低影响。因此，相对其他的雨水管理系统而言，WSUD更加倾向于水质的保护和改善，其核心是将城市雨水、供水和污水（中水）作为城市水循环系统中相互联系、相互影响的环节，进行统筹管理、统一设计，从而打破传统雨水调控的单一模式，将城市景观设计和生态环境保护联系在一起（图2-1）。

---

① Kadish J, Netusil N R. Valuing vegetation in an urbanwatershed [J]. Landscape & Urban Planning, 2012, 104 (1): 59-65.
② 陈利顶, 孙然好, 刘海莲. 城市景观格局演变的生态环境效应研究进展 [J]. 生态学报, 2013, 33 (4): 1042-1050.
③ Suriya S, Mudgal B V. Impact of urbanization on flooding: The Thirusoolam subwatershed-A case study [J]. Journal of Hydrology, 2012, 412 / 413: 210-219.

第二章 海绵城市的不同理念及其理论基础重构

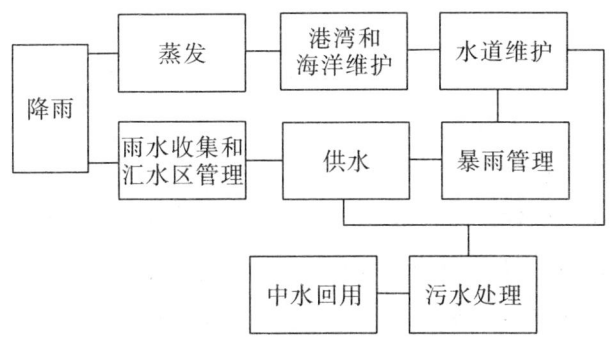

图 2-1 WSUD 的水循环系统

1990年，美国马里兰州在最佳流域管理措施的基础上发展起来一种强调通过分散的、小规模的源头控制，实现雨洪径流及污染管理的方法，称为低影响开发。它采用了源头控制理论，主张通过分散的、小规模的源头控制实现对雨洪径流和污染的管理，维持开发区域的水文特征在开发前后保持不变，其目标是减少人类的开发活动对开发区域水文环境的冲击和破坏。这些水文特征包括径流总量、峰值流量、峰现时间等。低影响开发水文原理示意图见图 2-2。

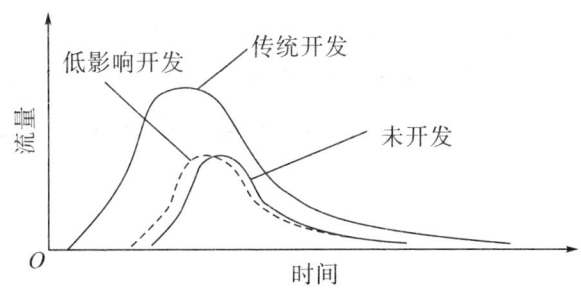

图 2-2 低影响开发水文原理示意图

低影响开发系统包括都市自然排水系统、绿色街道和可渗透路面、绿色屋顶、积雨花园、滞留草沟、雨水再生系统等结构性措施,以及规定、政策等非结构性措施。通过采取这些措施进行源头控制,在人口稀少、土地开发强度不高、绿化程度较高的地区比较容易实现开发目标。其中,积雨花园是低影响开发中采用较为频繁的设计之一,又被称为"生态滞流区",这是一种小型的雨洪排水管理设施,一般修建在流域上游,能够促进雨洪渗透、降低径流量、补充地下水,同时也有利于减少雨洪污染、改善水质。如图2-3所示,积雨花园类似一个下凹式的水池。

英国的可持续城市排水系统(SUDS)主张进行源头控制,实现对城市雨洪径流的有效管理,从而减少点源和非点源污染对水资源的破坏。与传统的以排为主的单一功能排水系统不同的是,它是集改善水质、调节水量和增强娱乐休闲为一体的多功能排水系统(图2-4)。可持续城市排水系统跟加拿大的最佳管理措施流域评价(WEBs)都强调源头控制雨洪径流,减少点源和非点源污染对水资源的破坏。为了达到上述目的,可持续城市排水系统采用"雨水管理链"(Management Chain of Stormwater,MCS)(图2-5),首先利用预防和良好的源头管理方法对径流和污染物进行控制,再到较大的下游场地和区域进行控制,在整个链带上分级削减、控制径流,而不是通过管理链的全部阶段来处置所有的径流,简单地说,就是预防、源头控制、场地控制和区域控制。

第二章 海绵城市的不同理念及其理论基础重构

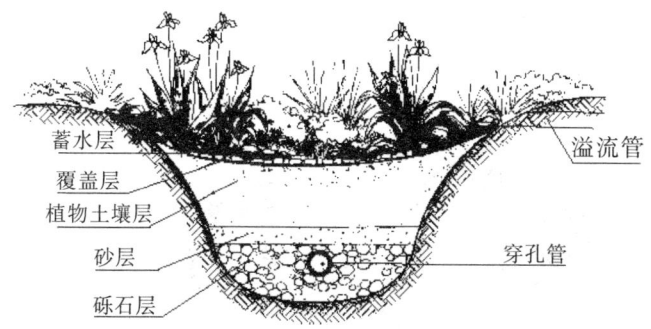

图 2-3 积雨花园（生态滞流区）示意图

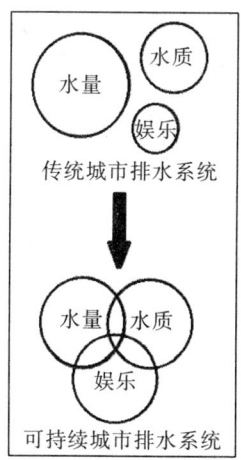

图 2-4 两种排水系统的功能区别

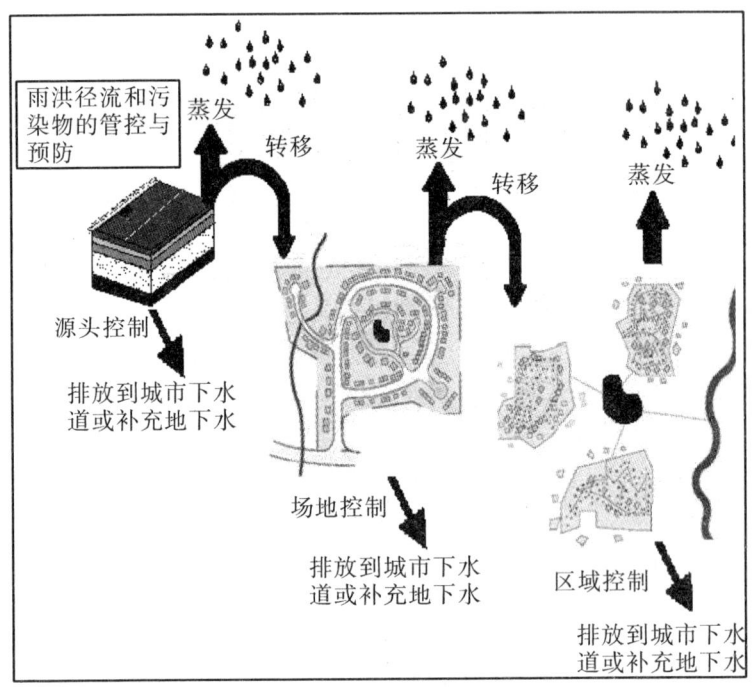

图 2-5 SUDS 的雨水管理链

董淑秋和韩志刚针对我国面临的洪涝灾害和水资源短缺问题，融合最新雨洪利用与管理理念。提出"生态海绵"地区的雨水利用规划理念，从城市规划层面提出雨水资源化的途径。研究优化探讨"生态海绵"的构建技术方案和评价指标体系，通过"生态海绵"对雨水的渗透及滞留利用，实现水资源保护、城市防洪、水景观及水污染控制的综合效益。

依据《海绵城市建设技术指南——低影响开发雨水系统构建（试行）》（建城函〔2014〕275 号）对海绵城市的定义，杨阳与林广思认为其隐含的深层含义可以分解为：一是，海绵城市面对洪涝或者干旱时能灵活应对和适应各种水环境危机的韧力，体现了弹性城市应对自然灾害的思想;二是,海绵城市要求基本保持开发前后的水文特征不变,主要通过低影响开发(LID)的开发思想和相关技术实现;三是,海绵城市要求保护水生态环境,将雨水作为资源合理储存起来,以解城市不时缺水之需,体现了对水环境及雨水资源可持续的综合管理思想[1]。

三、从可持续发展理论出发

有学者认为,海绵城市建设是为了实现人类对城市自然资源(特别是土地、水等)的可持续开发和利用。

美国的总统可持续发展委员会曾指出绿色基础设施是指导土地资源的可持续利用与开发,建立生态保护系统的战略措施[2]。

英国的简·赫顿联合会(Jane Heaton Associates)认为绿色基础设施建立的多功能绿色空间网格,在一定程度上实现了土地使用与保护的结合,有助于构建可持续的、高质量的自然环境[3]。

多尔曼和萨维奇等通过对荷兰和英国的水资源管理和水敏感城市设计经验进行总结,指出向水敏感城市转型,就是要实现水资源在城市空间的规划设计和空间干预中的可持续性[4]。

---

[1] 杨阳,林广思. 海绵城市概念与思想 [J]. 南方建筑,2015(3):59-74.
[2] President's Council on Sustainable Development. Towards a sustainable America: Advancing prosperity, opportunity, and a healthy environment for the 21st century [R]. Office of Scientific & Technical Information Technical Reports, 1999.
[3] Jane Heaton Associates. Green Infrastructure for Sustainable Communities [R]. Nottingham UK: Environment Agency, 2005.
[4] Dolman N, Savage A, Ogunyoye F. Water-sensitive urban design: learning from experience [J]. Proceedings of the Institution of Civil Engineers Municipal Engineer, 2013, 166(2): 86-97.

中国学者张华等分析了国内部分城市对水系的不可持续开发方式，提出了中国现代城市发展应将可持续发展的理念引入城市建设，借鉴可持续城市排水系统的建设经验，综合考虑水的流量和质量，以及环境的舒适性，以解决城市的可持续发展问题[①]。可持续发展理论的主要内容是人与自然、人与生态的和谐发展，这也正是国内海绵城市理论的核心。

俞孔坚认为，海绵城市就是在"人与自然和谐"的生态价值观下，重树"人适应水"的价值观[②]。

仇保兴在谈及海绵城市时也指出，海绵城市就像一块海绵那样，能把雨水留住，让水循环利用起来，把初期雨水径流的污染削减掉。海绵城市的本质是改变传统城市建设理念，实现与资源环境的协调发展。海绵城市的目标是让城市"弹性适应"环境变化与自然灾害。

四、从经济学理论出发

有学者认为，海绵城市建设不仅要实现生态效益最大化，也要实现经济效益最大化。

最佳管理措施流域空间优化（简称 BMPs 空间优化）就是在宏观经济学最优化理论的基础上，建立流域模型和经济模型来

---

① 张华，石峰，翁皓琳，等. 可持续城市排水系统的应用与发展 [J]. 低温建筑技术，2009，31 (8)：114—116.
② 俞孔坚，李迪华，袁弘，等. "海绵城市"理论与实践 [J]. 城市规划，2015，39 (3)：26—37.

第二章　海绵城市的不同理念及其理论基础重构

评价空间优化方案，从而确定实现生态效益和经济效益的最优方案①。

加拿大的最佳管理措施流域评价（The Watershed Evaluation of BMPs，WEBs）也是基于经济学的角度，通过收集 BMPs 成本和产量增幅等经济数据，对小流域范围的 BMPs 进行经济成本和经济效益估算和评价②，从而实现加拿大农业的可持续发展。

总的来说，海绵城市理念即是在城市水环境不断恶化、生态逐渐退化的背景下产生的现代城市雨洪管理理念。按照住房城乡建设部（2014）的定义，海绵城市就是指城市能够像海绵一样，在适应环境变化和应对自然灾害等方面具有良好的"弹性"，下雨时吸水、蓄水、渗水、净水，需要时将蓄存的水"释放"并加以利用③。其本质就是改变传统城市建设模式和理念（见表2-1），让城市"弹性适应"环境变化与自然灾害，从而最终实现城市与资源环境的协调、城市的可持续发展。

---

① Srivastava P, Hamlett J M, Robillard P D. Watershed optimization of agricultural best management practices: Continuous simulation versus design storms [J]. Journal of the American Water Resources Association, 2003, 39（5）: 1043–1054.

② AAFC. Watershed Evaluation of Beneficial Management Practices, Towards Enhanced Agricultural Landscape Planning [EB/OL]. http://publications.Gc.ca/collections/collection-2011/agr/A22-500-1-2009-eng.pdf.

③ 中华人民共和国住房和城乡建设部. 海绵城市建设技术指南——低影响开发雨水系统构建 [EB/OL]. http://www.mohurd.gov.cn/zcfg/jsbwj_0/jsbwjcsjs/201411/W020141102041225.pdf.

表 2-1 传统城市建设与海绵城市建设的区别

模式与理念	传统城市建设	海绵城市建设
对待自然的态度	改造自然	顺应自然
对待土地的态度	利用土地为主	人与自然和谐
对待生态的态度	改变原有生态	保护原有生态
开发模式	粗放式开发	低影响开发
地表径流量	地表径流量变大	地表径流量不变

第二节 全球海绵城市理念的共同理论缺陷

通过对当前全球流行的海绵城市理念（在此，我们把以上城市雨洪管控措施都称为海绵城市理念）及有关海绵城市概念的描述，我们不难发现，就当前各国的海绵城市建设来看，海绵城市还不是一个成熟的学术概念，而是一个技术性和操作性概念。因此，当前各种形式的海绵城市实践普遍存在先天性理论欠缺的短板，同时又因为其理论欠缺，所以在实践过程中还表现出辩证思维不足、形式化严重等问题。

一、技术中心主义泛滥

通过前面的梳理，我们不难看出，部分国家的海绵城市实践的核心支撑是发达的现代科学技术（如积雨花园、人工多功能绿地、人工湿地、透水铺装等）。

城市水资源问题究竟是怎样产生的？它对社会经济的发展有何影响？它与全球生态环境问题有何联系？对于诸如此类的问

题,以技术中心主义为指引的海绵城市理念认为城市水资源问题产生的根本原因就是以前的技术(灰色建筑技术)存在落后性,只要我们从源头控制,再辅以各种绿色基础设施,进行低影响的开发和设计,就能实现城市水资源的修复和保护,实现城市的可持续发展。在这种技术中心主义的影响下,各种绿色基础设施、低影响开发技术纷纷出现,"绿色中心主义"或"生态中心主义"在部分国家的海绵城市建设中大行其道。

二、形式化严重

为遏制环境污染,实现建筑生态友好,绿色建筑的概念受到了各国的广泛关注。然后由于国内外对绿色建筑的评价标准存在差异,同时部分商人为了获取利润,以"绿色"和"生态"为噱头的所谓的绿色建筑出现在多个地区,这类绿色建筑并非生态环保所需的建筑。类似的所谓绿色建筑在部分国家既是商人热衷的投资项目,也是消费者的心仪对象。但是,这些所谓的绿色建筑,虽然从雨水收集、处理到外墙及屋顶的绿化都充满了绿色元素和生态气息,但是却明显陷入了形式主义的误区。"为了绿色而绿色"是大多数海绵城市和绿色建筑的通病,资本家只考虑市场对绿色和生态的需求对资本增值的巨大作用,而没有考虑这种片面的绿色行为给生态环境造成的破坏(比如屋顶和墙面等因防水能力提升带来的防水材料使用的增加、墙体寿命的减少等问题)。

三、实践过程中的片面性和孤立性

部分国家主导的一系列海绵城市实践,都主张从源头控制的角度出发,再结合场地控制和区域控制,实现城市雨洪的管控和城市生态"接近自然"。这些主张无疑迎合了环保运动的要求,符合部分人对城市生态的设想。但是,究竟什么才是产生城市生态问题的根本原因?是点源污染和非点源污染,还是传统的灰色基础设施?有学者及实践家认为所谓的"源头"显然只是城市生态问题的表象而已,而不是真正原因。因而,这种片面性、孤立性的方法不能从根本上解决城市生态问题,反而还会造成新的生态问题。

四、主张及实践存在缺陷

部分海绵城市的主张及实践只重形式不重内容,既违背了国家海绵城市建设的初衷,也破坏了城市原有的文化和生态,从而导致不少海绵城市或海绵公园项目徒有绿色之表,难有生态之实。究其根本,乃是缺乏自信的表现。

比如,某城市的海绵公园用大面积人工草坪,而树木却成了点缀。科研人员在实验中发现,人工草坪耗水量大、养护成本高,特别是在我国西部干旱地区,按人工草坪正常生长需水量计算,每年每平方米草坪至少需要 2.3 吨水,但相同面积的当地耐旱花草,按其正常生长需水量计算,则只仅需人工草坪需水量的 10%。人工草坪的养护成本也很高,"三分种植、七分养护",人工草坪后期的养护除了灌溉,还包括修剪、施肥、除杂草、表施土壤、打孔、疏草、补播等一系列的工作。另外,即便是养护成效较好,草坪在固沙保土、水分涵养、氧气制造、紫外线遮挡、空气净化等方面的能力也远低于灌木、乔木等耗水量少、养护成本低的绿化植物。

有些海绵项目的表现手法也过于简单、粗暴，与周边的生态环境毫不协调。不少海绵项目"为海绵而海绵"，即追求形式上的海绵城市，外观有海绵城市的特色，内在却没有海绵城市元素，一旦建成，外表的"海绵装饰"就会掩盖内在的非海绵内容。这类建设忽略了海绵城市真正的内涵，无法与中国传统文化、特殊地域文化等结合。不但浪费资源，而且还会造成新的污染和破坏，最终与海绵城市的初衷背道而驰。

综上所述，本书的研究首先是从理论的层面找到海绵城市的理论渊源和理论基础，然后在此基础上分析像三峡库区这样经济发展相对滞后、生态环境脆弱的山区海绵城市建设的方法和模式。

第三节 中国古代城市建设的"海绵"智慧

从中国古代城市建设的实践来看，虽然没有海绵城市这一说法，但那时的人们已具有水资源合理利用的城市建设理念。而这些理念对于我们当代构建海绵城市理论基础，以及建设海绵城市，都具有重要的意义。

通过对历史文献梳理、归纳和对出土文物的考察、整理，我们可以发现，古人在水资源合理利用方面的智慧主要体现在以下四个方面。

一、"天人合一"，顺应自然建设城池

"天人合一"是中国古代哲学的代表性观点。道家学派的庄

子认为"有人,天也;有天,亦天也"。也就是说,天人是合一的,"万物与我为一"。人和自然是相通的,故一切人事均应顺应自然规律,达到人与自然的和谐。老子说"人法地,地法天,天法道,道法自然"。"天人合一"不仅是一种思想,而且是一种状态。在几千年的中国历史中,城市建设和水资源治理理念受到道家思想的影响,中国古代城市建设主张灵活地顺应自然环境,而不是人为地强制改变自然环境。正如荀子所说:"应之以理则吉,应之以乱则凶。"管子认为,在建设城池的时候,必须认识到水的本性,然后顺应之,才能确保城市与水的和谐相处。他指出,"夫水之性,以高走下则疾,至于漂石;而下向高,即留而不行。故高其上,领瓴之,尺有十分之三,里满四十九者,水可走也。乃迁其道而远之,以势行之"。因此,中国古代城池大都建设在依山傍水之地:"凡立国都,非于大山之下必于广川之上。"《盐铁论》曰:"燕之涿、蓟,赵之邯郸,魏之温、轵,韩之荥阳,刘之监淄,楚之宛、陈,郑之阳翟,三川之二周,富冠海内,皆为天下名都,非有助之耕其野而田其地者也,居五诸之冲,跨街衢之路也。"而那些没有顺应自然规律的城市建设,最终都带来了严重的人财损失。

二、"因天才,就地利",因地制宜建设城池

"因天才,就地利"是中国古代城镇建设的重要理念,它提倡在城镇建设中不墨守成规,而应该从实际出发,积极利用和发挥建址地特有的天时和地利。通过研究现存苏州碑刻博物馆的平江(今苏州城)图,我们可以发现,在建造过程中设计者充分考虑江南水乡水系众多的特点,以河道为骨架,建设了一套道路与

河道相互配合的"双棋盘"式水陆交通体系,并将城市的四个转角分别设计成不同形状,这不但保证了平江城的生产生活用水,而且还使城市具备了一套天然的蓄排水系统,有效地避免了城市内涝的发生。密集的水网还对区域小气候的改善起到了积极作用,是区域生态涵养发展的重要因素。

北宋书学理论家朱长文称平江城"众流贯州……无以泄积潦安居民也。故虽有泽国,而城中未尝有垫溺荡析之患"。虽然城内外水网交错,但却罕有水涝灾害的平江城,正是得益于城市"海绵体"对雨洪的有效蓄排。

在江南水乡,纵横交错的水网体系为城市雨水提供了广阔的滞蓄空间,是天然的"海绵体"。在北方,人们则通过坑塘来实现对雨洪的调蓄排放。清朝名臣王士俊在《津城开渠浚雄记》中指出"开之使宽,掘之使深,为储水之淀,藏水之柜,谓之壕也可,谓之海也亦可。凡城内奔腾而来之水,从容收之,止于其所"。在历史上菏泽古城曾有"七十二口井,七十二个大水坑",坑塘面积占城市面积的比例约为30%,这些坑塘在防洪蓄涝、调节气候、补充地下水等方面发挥了重要作用。

三、积极改造自然,建设自由呼吸的城市"海绵体"

如果说江南水乡的部分城市"未尝有垫溺荡析之患"主要得益于设计者对城市原有密集水网的顺应,变河道为天然的蓄滞洪区,那么,对于大多数水系并不密集的地区来说,又应该如何建设一个"自由呼吸"的海绵城市呢?

(一)广辟蓄滞洪区

缺乏密集水网,并不妨碍古人对雨洪的有效管理。西汉黄河治理的代表性人物贾让认为"立国居民，疆理土地，必遗川泽之分"。也就是说，治水的最佳方法是广辟蓄滞洪区，从而"使秋水多得有所休息，左右游波，宽缓而不迫"，将洪患消灭于无形。按照贾让的这一治水原则，后继者在建设城池的时候，都十分重视蓄滞洪区的保留与开挖。比如北京的颐和园、杭州的西湖、西安的昆明池等，既是著名的景点，又是重要的蓄滞洪区。类似的设施在古代普通民居中也广泛采用。比如在山西襄汾丁村遗址，考古人员发现村东头和村西头各有一处公共水利设施——天池。当降雨的时候，天池是优良的蓄水池，池中雨水可供马牛饮用，也可用于洗衣服、洗澡等，这对干旱少雨的黄土高原来说是大有裨益的。

（二）挖沟修渠筑涵道，增强城市排水能力

中国古代城市的排水主要是通过沟渠实现的。在城市发展的初期，排水系统相对简陋，主要的排水设施包括城内沟渠、城壕以及天然湖泊等。随着制陶技术的发展，陶制排水管道逐渐兴起。考古人员发现，在距今约四千年的河南淮阳平粮台古城就已经铺设了呈"品"字形的陶制排水管道。西汉长安城的城市排水系统由城壕和排水明渠、暗渠组成。长安城内的排水主要依靠街道两侧的路沟实现。这些路沟与城内的大型排水渠相连，或直接流入城壕，再汇入附近的河流。这些路沟和排水渠在经过城墙时构筑了涵道。一般以砖石砌筑，宽可达 2 米，上部为拱形的券顶。城中宫殿、官署等建筑的排水设施主要有渗水井和排水管道。陶质管道剖面多呈五角形，也有呈圆形者，在排水量较大的地方还有双排管道。

到了唐朝，长安城的排水暗道里还特别安装了过滤杂质的铁闸门,以防止渠道淤塞。

明清两朝,在北京故宫的建设中,也广泛采用了沟渠设计,雨水在"钱眼"处进入地下排水沟,然后通过"千龙吐水"排入金水河,最终由金水河流出宫外。地面铺设的青砖也存在奥秘,这种青砖不同于现在的透水砖,它呈上宽下窄的倒梯形结构,两块青砖的连接处正好形成一个三角形缝隙,从而增大了这种透水青砖路面的透水性,使雨水更容易渗入地下,而不是积于路面,形成水涝。正是古人的这些智慧,才使得长安城、紫禁城"罕有雨潦之灾"。

(三)建造"以排为主"的坡沟屋顶

雨水降落后,最先接触的就是屋顶,所以,屋顶雨水的及时高效排放就成了古人房屋建筑设计首先要考虑的问题。我国古代建筑有多种屋顶样式,其中绝大部分采用了坡头设计。比如,作为皇权、神权等统治阶级象征的"庑殿式"屋顶(主要用在皇家宫殿、庙宇等的建筑上)陡曲峻峭。作为中国古代建筑中屋顶的最高级别,"庑殿式"屋顶有四面斜坡,一条正脊和四条斜脊,且四个面都是曲面。

其他的屋顶样式,包括歇山顶、悬山顶、硬山顶、攒尖顶、盝顶、卷棚顶等都有坡面设计(图2-6),为的就是方便雨水的下排。一般情况下,靠近屋脊两侧的坡度超过60°,而在檐部的坡度不足30°,利用陡坡使水急下,再巧用惯性冲出檐外。

图 2-6　中国古代典型屋顶设计

雨水降落在坡面屋顶,通过瓦的铺设,形成一个个类似河道的雨水下排通道——瓦沟,从而实现古代屋顶排水的"坡沟"结合。按照用途来划分,瓦主要有筒瓦和板瓦。筒瓦为半圆筒形,起覆盖背水作用;板瓦为凹弯形,凹弯朝上,一块接一块形成瓦沟,起接水淌水作用。另外,为了防止雨水直接流下,古代工匠特意在瓦沟的边缘设置了内凹型构件,称为滴水。雨水通过坡面屋顶和瓦沟,汇至滴水,落入地面的"天池"或"钱眼",再通过地下排水管道进入地下水系统或地面河流系统。至此,古人设计了一个精巧的雨水排放、蓄滞、利用系统,既实现了雨洪排放,又实现了水系统的自然循环。

四、尊重自然,合理开发土地

城市的发展是人类文明发展的重要标志,城市人口的增加、城市建设用地的增多,势必减少雨水滞、蓄、排所需的土地面积。因此,如何规避城市建设带来的城市土地问题,是事关城市水资源可持续发展的重要内容。在古人看来,保护城市原有地貌,比如自然山川、河流和湖泊,是人类与自然和谐发展的应有之意。《国语》指出："晋闻古之长民者，不堕山，不崇薮，不防川，不窦泽。夫山，土之聚也；薮，物之归也；川，气之导也；泽，水之钟也。夫天地成而聚于高，归物于下。疏为川谷，以导其气；陂塘汙庳，以钟其美。"《商君书》更是明确指出了城市建设中，不同类型土地的应占面积："故为国任地者，山林居什一，薮泽居什一，溪谷流水居什一，都邑蹊道居什四，此先王之正律也……此其垦田足以食其民，都邑、遂路足以处其民，山林、薮泽、溪谷足以供其利，薮泽堤防足以畜。"古人相信，只有这样才能保证不同类型的土地资源都能得到合理的保护，实现各种自然资源的长期可持续发展，同时也才能实现对雨水的"海绵"性处理。比如河北省的正定古城，在清代中期时，全城约三分之二的面积为水面，城中干道的十字街中心处为地区的最高点，主要建设都集中在十字街周边的区域内。之后，虽然大部分的水面都被填为农田，但城中仍然保留了几个较大的水塘，且建设用地的比例也未超过一半。

在保证河流、山川、湖泊不被侵占和破坏的基础上，古人也重视减少人类活动对城市水环境造成的污染。比如在唐朝，政府规定"凡有营葬及兴置宅灶并草市，并须去标帜七里外"。所谓草市，是买卖水产品、盐、酒以及日用百货等生活必需品的地方，处于州县城以外的水陆交通要道，或关津驿站所在之地的集市，其对城市的水资源存在较为严重的破坏，因此政府规定要将其移到城市七里之外，并要求地方政府"取便种树"，以涵养城市地下水、防风固沙等。

第四节　重构中国特色海绵城市的理论基础

当我们提及海绵城市的时候,很少有学者在根源上解释城市环境问题(包括城市水环境)产生的原因,以及城市环境问题与其他环境问题之间的关系。仅做到了城市雨洪的"渗、滞、蓄、净、用、排",就能实现城市水环境的保护与修复吗?这是值得思考的问题。

一、城市水环境问题与异化理论

城市水环境问题并不仅由城市水资源或水环境的外在压力(人口的压力或人为的破坏等)所致,而是由人与自然关系的异化(alienation)以及人与人关系的异化导致。在马克思之后,西方马克思主义者沿着马克思的足迹,提出了消费异化理论、科技异化理论等。我们把这些统称为异化理论。人与自然、人与自身劳动、人与人等本应是协调统一的,人存在于自然之中,个人能够自由支配自己的劳动及劳动成果,人与人之间的关系是平等的。人来自自然,而且是自然的一部分。人本身是自然界的产物,是在他们的环境中并和这个环境一起发展起来的。自然界是人为了不致死亡而必须与之处于持续不断的交互作用过程的、人的身体。所谓人的肉体生活和精神生活同自然界相联系,不外是说自然界同自身相联系,因为人是自然界的一部分。[①] 也就是

---

① 马克思. 1844 年经济学哲学手稿 [M]. 北京:人民出版社,2002.

第二章 海绵城市的不同理念及其理论基础重构

说,人不能离开自然而存在。同时,人与自然之间的关系,不单单是人与自然的关系,还包括人与人之间的关系。

只有在资本主义制度下自然界才不过是人的对象,不过是有用物;它不再被认为是自为的力量①。于是,现代自然科学和现代工业一起变革了整个自然界,结束了人们对于自然界的幼稚态度和其他幼稚行为②。但是,资本家在开发和利用这种"有用物"的时候,却没有节制,追求剩余价值最大化是资本永恒的主题。人类对自然的索取程度不断加深,完全违反自然的荒芜,日益腐败的自然界,成了他的(指资本主义,笔者注)生活要素③。至此,人与自然的关系彻底被异化,从相互统一的关系异化为相互对立的关系。这种对立,就是资本家对自然界的真正的蔑视和实际的贬低④。恩格斯在《自然辩证法》中曾对这种异化关系进行举例说明,美索不达米亚、希腊、小亚细亚以及其他各地的居民,为了得到耕地,毁灭了森林,但是他们做梦也想不到,这些地方今天竟因此而成为不毛之地,因为他们使这些地方失去了森林,也就失去了水分的积聚中心和贮存库。阿尔卑斯山的意大利人,当他们在山南坡把在山北坡得到精心保护的那一种枞树林砍光用尽时,没有预料到,这样一来,他们把本地区的高山畜牧业的根基毁掉了;他们更没有预料到,他们这样做,竟使山泉在一年中的大部分时间内枯竭了,同时在雨季又使更加凶猛

---

① 中共中央马克思恩格斯列宁斯大林著作编译局. 马克思恩格斯全集:第46卷(上册)[M]. 北京:人民出版社,1979.
② 中共中央马克思恩格斯列宁斯大林著作编译局. 马克思恩格斯全集:第7卷[M]. 北京:人民出版社,1959.
③ 马克思. 1844年经济学哲学手稿[M]. 北京:人民出版社,2002.
④ 中共中央马克思恩格斯列宁斯大林著作编译局. 马克思恩格斯全集:第1卷[M]. 北京:人民出版社,1956.

的洪水倾泻到平原上。① 于是，恩格斯警告资本家，不要过分陶醉于我们人类对自然界的胜利。对于每一次这样的胜利，自然界都进行报复。"遗憾的是，资本家对两位导师的话充耳不闻，并将之视为'异端''洪水猛兽'，这种偏执的看法导致的结果显而易见。"② 当前全球范围内的气候变暖、物种消失、环境污染等问题正是人与自然关系异化的结果，表现在城市，就是城市生态环境被破坏、水资源问题突出等。

资本家开发利用自然资源，不是因为社会的需要，而是因为自然资源和劳动力是使用价值的源泉，通过工人的劳动，自然资源的价值被转移到商品中去。于是，资本家疯狂掠夺自然资源、压榨工人，他们只关心金钱代表的利润，至于对自然的破坏，则不是他们关心的内容。西班牙的种植场主曾在古巴焚烧山坡上的森林，以为木灰作为肥料足够最能盈利的咖啡树施用一个世代之久，至于后来热带的倾盆大雨竟冲毁掉毫无掩护的沃土而只留下赤裸裸的岩石，这同他们又有什么相干呢？① 正因为资本家对剩余价值的疯狂追逐，生态环境才会不断恶化，并逐步形成全球性的生态危机。

二、海绵城市建设与物质变换裂缝理论

人与人、人与自然关系的异化，导致了生态环境和"人态环

---

① 中共中央马克思恩格斯列宁斯大林著作编译局. 马克思恩格斯选集：第 4 卷 [M]. 北京：人民出版社，1995.
② 于开红. 马克思主义视阈下的中国生态贫困问题研究 [D]. 成都：西南财经大学，2016.

第二章 海绵城市的不同理念及其理论基础重构

境"①的恶化。这个原因和结果中间有个过程,即人与自然的物质变化过程。

19世纪40年代,马克思批判地吸收了德国著名农业化学家李比希的物质变换概念,建立了他自己的物质变换理论,并据此坚信资本主义农业是不可持续的。他指出,资本主义农业的任何进步,都不仅是掠夺劳动者的技巧的进步,而且是掠夺土地的技巧的进步,在一定时期内提高土地肥力的任何进步,同时也是破坏土地肥力持久源泉的进步。②也就是说,自然界物质之间存在规律性的物质变换,但是在资本家看来,自然界仅仅是其利润扩大的"有用物"而已,掠夺得越多,能够创造的使用价值就越多,利润就越大。于是,资本主义工业越来越快、越来越多地向自然界索取生产资料,而自然界却无法获得补偿的物质,于是人类与自然界之间的物质变换中出现了难以弥合的裂缝——物质变换裂缝(Metabolic Rift),其结果不仅造成了土壤肥力的退化,而且还导致了城市环境的污染。也就是说,资本家在大肆掠夺自然资源、消耗土壤肥力的同时,还创造了富含营养物质的废弃物,这些废弃物污染了城市环境。

由此可见,现代城市的水资源问题并不是当前海绵城市理念所认为的那样,是由于传统的灰色基础设施的落后性所致,而是因为城市与农村以及城市内部的物质变换裂缝。一方面,现代城市的发展打破了城乡之间的有机联系,使城市和农村相互对立,大量的农村物质被转移到城市的同时,大规模的农村人口也涌入

---

① 赵磊. 可持续发展:我们忽略了什么? [J]. 当代经济科学,2002,24(4):44-50.

② 中共中央马克思恩格斯列宁斯大林著作编译局. 马克思恩格斯全集:第23卷 [M]. 北京:人民出版社,1972.

城市,从而导致被转移的物质不能通过其他形式回到生产它的农村,而滞留在城市,造成城市负担不断加剧、污染物不断增加。换句话说,农村生产出来的产品不能在农村消费,然后以其他形式回到自然界,而是被搬运到城市,并被城市工业或居民消费掉,形成的废弃物滞留在城市,长此以往,农村的土地将越来越贫瘠,生态环境将越来越脆弱,而城市生态环境面临的威胁和压力将越来越大。于是,城市与农村的矛盾在资本主义的城市化过程中将越来越严重。当前发达资本主义国家的城市与农村的矛盾表面上有减轻的趋势,实则是发达资本主义国家将其城市与农村的矛盾转嫁给了发展中国家[①]。马克思指出,消费排泄物对农业来说最为重要。在利用这些排泄物方面,资本主义经济浪费很大;例如,在伦敦,450万人的粪便,就没有什么好的处理方法,只好花很多钱来污染泰晤士河[②]。另一方面,在城市内部,由于"人态关系"的恶化,劳动者越来越异化为只有"物质冲动"的"单向度的人"[③]。在资本家眼里,劳动者只是会消费其产品,帮助其实现产品价值和剩余价值的工具——消费者。资本家生产越多,消费者的"虚假需求""被迫性消费""无谓消费"就会越多[④],从而给自然资源和生态环境带来的压力就越大。比如城市的水资源匮乏,其根本原因是资本家对剩余价值的不断追求,导致生产用水不断增加,以及单向度的消费者对自来水的需

---

① 于开红. 资本主义"两头在外"的可持续发展之批判 [J]. 改革与战略,2016,32 (11): 50—54,81.
② 马克思. 资本论: 第3卷 [M]. 北京: 人民出版社,1975.
③ 赫伯特·马尔库塞. 单向度的人: 发达工业社会意识形态研究 [M]. 刘继,译. 上海: 上海译文出版社,2016.
④ 于开红. 马克思主义异化理论的继承与发展——以生态学马克思主义为分析对象 [J]. 重庆三峡学院学报,2016 (1): 10—15.

求增加。

从马克思主义辩证法出发,当前城市出现的内涝、水污染等水环境问题,不单单是城市在水资源的开发、利用和保护方面出了问题,还涉及整个区域,乃至整个国家的生态环境、人态环境等诸多方面。因此,对城市水环境的认识,不能仅仅停留在城市区域,就城市论城市;也不能仅仅停留在水环境领域,就水环境论水环境。必须从马克思主义出发,运用马克思主义辩证法,结合物质变换裂缝理论,全面地分析城市水环境与城市整体生态环境、城市水环境与农村生态环境、城市水环境与城市人态环境等的关系。

第三章　海绵城市建设与水环境治理的关系

第一节　城市水环境与区域水环境的关系

一、城市水环境与区域水环境的统一

水环境是自然环境按照物质形态进行划分的结果，是自然界中水资源的生成、分布、迁移、转化的空间环境。由于地球上水体的面积远大于陆地的面积，水环境所占的面积也远大于土壤环境、动植物环境等。按照水资源的空间状态，水环境可以分为河流水环境、海洋水环境、湖泊水环境、沼泽水环境等；按照水资源区域状态，水环境可分为世界水环境、国家水环境和区域水环境，其中区域水环境就包括城市水环境和农村水环境。由此可见，区域水环境和城市水环境是包含与被包含的关系。也就是说，区域水环境的质量体现在城市水环境和农村水环境的质量上，城市水环境的恶化或改善可带来区域水环境的恶化或改善。显然，城市水环境与区域水环境是统一的，而且谁也离不开谁。

同时,区域水环境的两个方面并不是相互独立、互不干涉的。相反,二者是相互影响、互为因果的。首先,农村水环境的变化,通过地表水、地下水、雨洪以及人类活动等,引起城市水环境的变化,而城市水资源的变化也将借由上述方式导致农村水资源变化。

二、城市水环境是区域水环境治理的薄弱环节

相对于农村水环境,城市水环境更加脆弱,从而使其成为区域水环境治理的核心。城市水环境之所以比农村水环境更加脆弱,主要原因可能有:

第一,城市水资源污染源多、污染规模大。由于城市的企业、居民等规模都比农村大,其排放的废弃物、污染物比农村多,从而使得城市水体遭受的污染和破坏大于农村,并对农村水资源形成了较大的依赖。

第二,城市空间比农村空间小、水资源存量比农村少,但其水资源的使用规模又远大于农村,从而使得城市水资源的需求远大于供给。

第三,城市水资源循环利用效率较低。在城市里,硬化路面导致大量的地表水停留时间短、径流量大、渗透量少、蒸发量高,从而导致雨洪等水资源的循环利用率较低。

另外,大量的人为排水系统、被截弯取直的自然河道等,进一步增加了雨水的地表径流量,提前了洪峰,使雨洪流失加快、利用率降低。

第二节 城市生态环境与水生态环境的关系

城市生态环境与水生态环境是矛盾统一的关系，它们二者相互依存，谁也离不开谁，一方的变化必然带来另一方的变化，而一方的改善也必须建立在另一方改善的基础上。

城市生态环境包含城市的水生态环境。一个城市生态环境的质量，从其水生态环境的状况就可以看出来，因为城市生产生活所产生的废气、废水、废渣等都会通过各种方式汇入水中。废气排放在空中，通过降水回到地面，再通过地下水和地表径流的方式融入城市水体；通过焚烧、掩埋等方式，废渣残留有害物质将进入城市水体；废水就更加容易污染城市水体了。因此，观察一个城市生态环境的质量，一般情况下，采集其城市水体样本进行分析就能得到结果。由此可见，城市生态环境与城市的水生态环境是统一的，二者相互影响，缺一不可。

在当前城市化高度发展的情况下，城市生态环境与水生态环境的关系体现在：城市化进程造成了城市生态环境退步，甚至恶化，从而导致区域水环境的退步与恶化。

第一，城市化的不断推进，加速了土地资源、植被资源、天然河道与湖泊等的消亡速度，从而降低了水资源的涵养水平和自净能力。据调查研究显示，截至 2017 年，武汉市的天然湖泊数量为 38 个，平均每年消失湖泊 1.5 个。随着城市建设的不断加快，人水之间、人湖之间的矛盾日益激烈。

第二，城市化的不断推进，扩大了城乡之间的矛盾。城市的发展是建立在乡村发展的基础之上的，没有乡村发展的支持，城市发展将失去基础保障。但是，城市化的不断推进一方面加大了对水资源的使用，使农村水资源源源不断地补充着城市用水；另一方面城市化又扩大了对资源的污染和破坏，城市化发展带来了城镇居民和工商企业的增加，从而带来了废弃物和污染物的增加，而其中大量的废弃物和污染物又被带到农村，对农村的水环境、植被环境、气候环境和空气环境等造成了严重的破坏。

第三，城市化的不断推进切断了水资源的物质变换通道，从而阻碍了水资源的循环利用。区域水资源来自区域中的自然水体、地表径流、地下水资源和空气中的水分等，而这些不同形态的水资源彼此之间是自然联系、循环往复的。因此，自然降水是自然水体等水资源不断蒸发、升华、凝结、降落、排放的过程。通过降水、渗透、净化等过程，水资源完成了一个循环。但是，现代化的城市建设，不但阻止了城市水资源的自然循环、切断了水资源的物质变换通道，而且还增加了城市水资源污染和破坏的概率。

第三节　区域水环境的治理与改善需要海绵城市作为支撑

海绵城市建设是当前城市水环境改善和治理的重要手段，海绵城市建设可以有效地实现对城市水资源的管理和利用，减少城市水资源的浪费，降低城市水资源的污染水平。城市水环境得到改善和治理，必将有利于整个区域水环境的改善和治理。

区域水环境的治理重心还是在城市水环境的治理，而传统的"以排为主""末端治理"的城市水环境的治理理念和措施，既不利于雨洪的蓄滞,也不利于雨水的净化和利用,是一种简单粗暴的方法。长此以往,必将导致城市水资源总量减少、城市水环境恶化。相反,通过一系列绿色基础设施的建设,海绵城市能够实现城市水资源的"渗、滞、蓄、净、用、排",从而避免城市水资源的浪费和水环境的破坏,最终实现对区域水环境的保护和修复。

由此可见,区域水环境的改善和治理,必须以海绵城市建设作为支撑。

第四章 三峡库区水环境与城市建设现状及问题

第一节 三峡库区水环境现状及问题

一、三峡库区水环境的整体状况

三峡库区横跨重庆与湖北，涉及 26 个区县，属于川东丘陵区、大巴山喀斯特地貌区，以及大娄山和巫山山区。整个区域以山地和丘陵为主，其中山地面积约占总面积的 74%，另外丘陵约占 21%，而河谷平坝土地约只占 5%。2016 年三峡库区的森林面积为 283.01 万公顷，森林覆盖率约为 49.08%，活立木总蓄积为 15827.40 万立方米，其中森林蓄积为 15647.58 万立方米。三峡库区是我国水土流失严重的地区之一。同时，三峡库区是我国重要的生态功能区，是长江中下游的生态屏障，库区的生态环境质量直接影响长江中下游乃至全国的生态环境质量。

三峡库区既是我国经济发展相对滞后的区域，也是生态环境脆弱的地区之一。库区地质环境复杂，加之库区水位变化及人类活动增加，雨洪、内涝、干旱、小规模地震等自然灾害时有发生，给当地人民的生命和财产安全带来了极大的威胁，也对长江中下游，甚至全国的生态环境和生产生活带来了极大的影响和威胁。

2016年三峡库区共检测到 M≥0.0 级地震481次，比2015年增加了40次。这些地震多为微震和极微震，个别的强度达到小震水平。从分布上看，这些地震主要集中在重庆市巫山和湖北省的巴东、秭归两地的沿江地带，其次是重庆市的巫溪、奉节和石柱等地。

从降水情况来看，三峡库区的降水时间早、暴雨次数多、降水量大，1981—2016年，三峡库区的年降水量在1600mm左右，高出全国平均值400mm左右。2016年的暴雨天气高达8次（2015年为9次），其中6月份就出现了5次，并造成了多个城市受灾。比如2016年7月18日至19日的暴雨造成了宜昌市等12个县市区受灾。虽然降雨量一般集中在夏季，但是库区伏旱、秋旱的现象也频发，特别是渝东北的万州、巫山、奉节、开县等库首地区，常有旱情发生。

二、三峡库区城市水环境的问题

得益于丰富的水资源，长期以来，长江两岸的人民形成了"靠山吃山、靠水吃水"的生活方式，这种生活方式造成了一系列与水生态环境相关的生态问题。

（一）工业与生活废水污染物排放严重

2016年，库区工业污染源废水排放量为1.36亿吨（由于2016年采用的是新的统计方法，所以在此不再与以往年度相

第四章 三峡库区水环境与城市建设现状及问题

比),其中,化学需氧量排放量和氨氮排放量分别为1.07万吨和0.07万吨。在工业污染废水总排放量中,重庆库区为1.15亿吨,占总量的84.6%,湖北库区为0.21亿吨,占总量的15.4%。

在城镇生活污水排放方面,2016年三峡库区生活污水排放总量为12.12亿吨,其中,化学需氧量排放量和氨氮排放量分别是14.04万吨和2.18万吨。在生活污水排放总量中,重庆库区为11.72亿吨,占96.7%,湖北库区为0.40亿吨,占3.3%(表4-1)。

表4-1 2016年三峡库区工业污染源废水与城镇生活污水排放情况

区域		废水/污水总排放量(亿吨)		化学需氧量排放量(万吨)		氨氮排放量(万吨)	
		工业	生活	工业	生活	工业	生活
湖北库区		0.21	0.40	0.17	0.59	0.01	0.11
重庆库区		1.15	11.72	0.90	13.45	0.06	2.07
库区合计		1.36	12.12	1.07	14.04	0.07	2.18
其中	重庆主城	0.29	6.60	0.17	4.96	0.02	0.86
	长寿	0.25	0.48	0.14	0.53	0.00	0.10
	涪陵	0.15	0.69	0.12	0.92	0.01	0.15
	万州	0.05	0.96	0.08	1.64	0.00	0.24
合计		13.48		15.12		2.26	

从工业污染源废水和城镇生活污水的排放情况来看,城镇生活污水占总排放量的89.91%,其中以化学需氧量排放为主,而化学需氧量是破坏水质的主要因素之一。另外,从区域来看,库区的工业废水排放主要集中在重庆主城和长寿区,生活污水排放

主要集中在重庆主城和万州区。

(二) 生活垃圾的排放居高不下

生活垃圾是土壤和水体等自然资源的重要污染源。2016年在三峡库区，除了重庆主城、长寿、涪陵、武隆、丰都五个地区的生活垃圾散排量占产生量的比例低于库区平均水平，其他地区的生活垃圾散排量占产生量的比例都高于库区平均水平，其中最高的是湖北兴山，占比高达12.50%，而重庆万州的这一占比也达到5.00%（表4-2），这表明库区的绝大部分地区的生活垃圾散排量较高。这是导致库区水质污染，特别是长江支流水质污染的重要因素。

表4-2 2016年三峡库区部分地区生活垃圾排放及处理情况

地区	城镇常住人口（万人）	产生量（万吨）	处理量（万吨）	散排量（万吨）	散排量占产生量比例（%）
江津	36.7	14.12	12.71	1.41	9.99
重庆主城	655.6	252.23	244.66	7.57	3.00
长寿	33.4	12.85	12.59	0.26	2.02
涪陵	63.2	24.32	23.59	0.73	3.00
武隆	10.0	3.83	3.72	0.11	2.87
丰都	18.0	6.93	6.79	0.14	2.02
石柱	3.0	1.15	1.02	0.13	11.30
忠县	20.3	7.82	7.04	0.78	9.97
万州	88.4	34.00	32.30	1.70	5.00
云阳	24.9	9.58	8.43	1.15	12.00
开州	35.7	13.72	13.45	0.27	1.97
奉节	19.5	7.50	6.75	0.75	10.00

续表4-2

地区	城镇常住人口（万人）	产生量（万吨）	处理量（万吨）	散排量（万吨）	散排量占产生量比例（%）
巫山	15.1	5.81	5.11	0.70	12.05
巴东	7.4	2.85	2.68	0.17	5.96
兴山	1.0	0.40	0.35	0.05	12.50
秭归	9.5	3.66	3.29	0.37	10.11
夷陵	1.4	0.53	0.48	0.05	9.43
合计	1043.1	401.30	384.95	16.34	4.07

（三）三峡库区水质存在隐患

根据水文站点的检测结果，三峡库区长江及其支流的水质总体良好，但吒溪河、抱龙河、童庄河、神龙溪、草堂河、梅溪河、磨刀溪、长滩河、汤溪河、东溪河、黄金河、蓬溪河、珍溪河、苎溪河、瀼渡河、池溪河和汝溪河仍然存在水华现象，主要集中在春秋季，与小环藻、隐藻、铁杆藻、直链藻等藻类的大量生长有关。水华的产生既是对水质的极大破坏，也会威胁人类的健康，带来巨大的生命、财产和生态方面的损失。

第二节 三峡库区典型区域万州区的水环境现状与问题调查

重庆市万州区处于重庆市的东北部、三峡库区的腹心地带，幅员面积3457平方公里。截至2017年年末，城镇人口72.58万人，占全区户籍总人口的41.68%，地区生产总值达965.81亿元,增速为 8.5 个百分点,城市建成区面积 69.62 平方公里,城镇化率达到 65.45%,比 2016 年提高了 1.66 个百分点。

一、万州区水生态环境现状

(一)水资源涵养水平

全区有森林植被种类 1000 余种,包括草本、灌木和乔木三大类,另有国家珍稀濒危植物 27 种,如水杉、银杏和楠木。经济林木以柑橘为主,其次还有油茶、龙眼、桑、柚等。伴随着人口增长,万州区的人地矛盾也逐渐突显,不少原有的森林植被、植物群落被破坏,马尾松等常绿针叶林木逐渐取代了原有的常绿阔叶林木。根据林业部门的统计,万州区现有马尾松的种植面积已经超过其森林面积的 92%,这严重破坏了当地的生物多样性,导致以常绿阔叶林为生的生物逐渐消亡,生态环境的形势极为严峻。

全区共有自然保护区 2 个,其中,市级自然保护区 1 个;有国家级森林公园 1 个,省市级森林公园 1 个。实施天然林保护 10.21 万公顷,完成造林面积 5333 公顷。全区森林覆盖率为 50.5%。

城市建成区面积为 69.62 平方公里,城市建成区绿化覆盖面积为 25.41 平方公里,建成区绿地率为 32.2%。人均公共绿地面积为 10.81 平方米。

(二)水资源存量与使用水平

全区年降水量 1717.5 毫米左右,降水主要集中在每年的 4 月至 7 月。一般而言,丰水期的水资源总量为 34.72 亿立方米,枯水期的水资源总量为 6.38 亿立方米，分别占全年的 84.3% 和 15.7%。2016 年，全年的供水总量为 5615.37 万立方米，比 2015 年增长 9.0%，其中，生活用水量为 3064.73 万立方米，比 2015 年增长了 7.3%。

（三）居民饮用水水质

罗华等人的研究成果显示，万州区 2013—2015 年 35 家城乡集中供水厂的地表饮用水源的合格率仅为 37.86%，其中城区饮用水源的水质合格率低于乡村地区（城市为 23.08%，农村为 50.67%），同时枯水期水质的合格率比丰水期低（枯水期为 38.71%，丰水期为 66.67%）。水源水质的各项指标中，水源点的高锰酸钾指数、五日生化需氧量、化学需氧量、粪大肠菌群、三氯甲烷、总氮和总磷含量不合格，其中总氮、总磷的合格率较低，为 48.57% 和 65.00%，城区的合格率分别是 29.23% 和 55.39%，乡村的合格率分别是 65.33% 和 73.33%，城区分别比乡村地区低 36.10 个百分点和 17.94 个百分点[①]。这些数据表明：第一，万州区的水质遭到了不同程度的有机物和人畜粪便的污染；第二，城区水体比乡村水体的富营养现象严重得多。

二、万州区水生态环境存在的问题

（一）人地矛盾不断增加

随着社会经济的不断发展，万州区的人口不断增加，万州区

---

① 罗华，高大勇，陶勇，等. 三峡库区万州段居民饮用水源水水质卫生状况分析 [J]. 环境与健康杂志，2017，34（4）：356-358.

城市人口已经突破 70 万，建成区面积接近 70 平方公里。万州区是典型的丘陵峡谷地貌，"地无三尺平"，整个城市在长江沿岸狭长的缓坡地带东西向展开，近年来人地矛盾不断增加，城市绿化、交通等基础设施建设用地紧张。

（二）水污染严重

根据前面的分析，万州区目前水质污染主要表现为粪大肠菌群、氮磷及化学需氧量超标，也就是说大多数的污染物质来源于乡村地区的种养殖业带来的农业来源污染、城市工业污水排放和城乡生活污水排放。而且，从分析结果可知，城市的水污染现象比农村严重。从河流水质来看，五桥河、龙宝河和苎溪河存在不同程度的污染，水体富营养化现象比较严重，从而影响了长江万州段的水质。

（三）水土流失现象严重

《2016 重庆市水土保持公报》显示，2016 年重庆市水土流失总面积达 28707.71 平方公里，占全市幅员面积的 34.84%。其中，万州区水土流失总面积和土壤流失总量均为重庆市所有区县中最高，分别高达 1574.86 平方公里（占幅员面积的 45.56%，占全市流失总面积的 5.49%）和 516.30 万吨，各水土流失强度土地面积占幅员面积的情况见图 4-1。

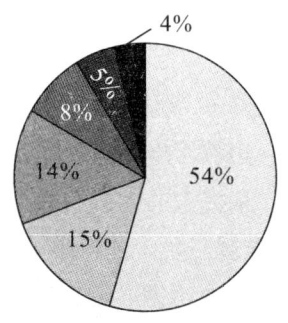

□微度侵蚀 □轻度侵蚀 □中度侵蚀 □强烈侵蚀 ■极强烈侵蚀 ■剧烈侵蚀

图 4-1 重庆市万州区各水土流失强度占辖员面积比重

全市高度敏感土地面积为 0.79 万平方公里，占土地总面积的 9.59%，主要分布于万州区、忠县、武隆西部、云阳西部、开州西部、奉节北部，其中万州区的地宝土家族乡和梨树乡是重庆市水土流失预防的重点区域，重点预防面积为 66.09 平方公里。

（四）全区水域固体废物倾倒严重

由于管理水平的相对低下，沿岸工厂、居民非法向长江及其支流水域倾倒固体废物的事件在万州区常有发生。这些固体废物包括生活垃圾、医疗垃圾、建筑垃圾、农业垃圾、塑料泡沫等，万州区江面的清漂船仅一年就能清理江面及消落带的固体废物近 3 万吨，另有更多的固体废物随江水流向下游。虽然大量的固体废物被清理上岸、焚烧处理，但其在水中浸泡的过程中产生和释放的各种重金属、污染物质给水质带来了严重的破坏。另外，居民在江河沿岸洗衣服等产生的残留物（主要包括三聚磷酸钠等）也是对江河水质的重要威胁。

（五）全区水旱灾害不断

首先，由于城市建设规划相对滞后、地形复杂、河流众多，万州城市内涝、泥石流、边坡垮塌等严重的自然灾害较多，特别是每年汛期，自然灾害带来巨大的生命、财产、生态损失。2017年9月8日至10日的持续强降水，使万州区天城、白羊、黄柏、太龙、大周等多个镇乡遭洪水围困，城区北滨大道、万川大道、申明大道等多条主干道严重积水，境内多处路段发生边坡岩石垮塌、泥石流现象，其中岩土塌方总量超过3000立方米，从而造成公路的全幅或半幅阻断。2018年5月入汛以来的首轮强降雨，造成了万州区多个镇乡街道严重内涝、交通堵塞、农作物淹毁、房屋倒塌等。

虽然万州区属于亚热带湿润季风气候，人均水资源存量为全国水平的59%、全市水平的80%，但这并没有让其远离干旱。相反，在水涝灾害不断的情况下，万州区也经常发生旱灾，特别是夏旱。以2006年百年不遇的特大夏旱为例，干旱时间共持续100余天，多条河流出现断流，人畜饮水困难，大面积农作物受灾，给人民的生命财产安全带来了极大的危害。根据《重庆市气象灾害年鉴（2006—2010）》及重庆农业农村信息网的资料，1955—2013年，气象干旱在万州区共发生了118次，其中，春旱发生了25次，80%为轻旱，剩下20%为中旱，无重旱、特旱。气象夏旱发生了4次，全部均为轻旱。气象伏旱发生了20次，50%以上仍为轻旱，中旱和重旱各约占1/4，无特旱。气象秋旱发生了14次，2/3为轻旱，中旱、重旱和特旱各约占1/6。气象冬旱发生了55次，其中中旱和重旱均约占40%，轻旱接近

20%，特旱占少许[①]。

第三节　三峡库区海绵城市建设现状
——以万州区为例

万州区主城区位于长江北岸，城市依山而建，垂直落差100多米，是典型的山地城市，城区中有不少以"坡""岭""坝"命名的地区，如王家坡、陆家坡、上蔡家坡、下蔡家坡，周家坝、百安坝、陈家坝等。正因为万州区的复杂地形，其城市建设也只能沿着长江和苎溪河沿岸扩展，形成了"二水分流、三岸对望、群山环城"的独特风格。

一、万州区城市建设现状

第一，城市建设规模不断扩大。万州区在重庆直辖、三峡工程开建后得到了快速的发展，城市规模也不断扩张，城市建成区面积从1997年的约22平方公里增加到2017年的69.62平方公里，城镇化率从1997年的23.5%提高到2017年的65.45%（图4-2），高出重庆市平均水平1.37个百分点（比重庆城口县高出30.59个百分点），高出全国6.93个百分点。

[①] 牟新利，段晓超，童欣雨，等. 重庆市万州区相对湿润度指数法旱灾评价研究 [J]. 农业灾害研究，2016，6（6）：49-51.

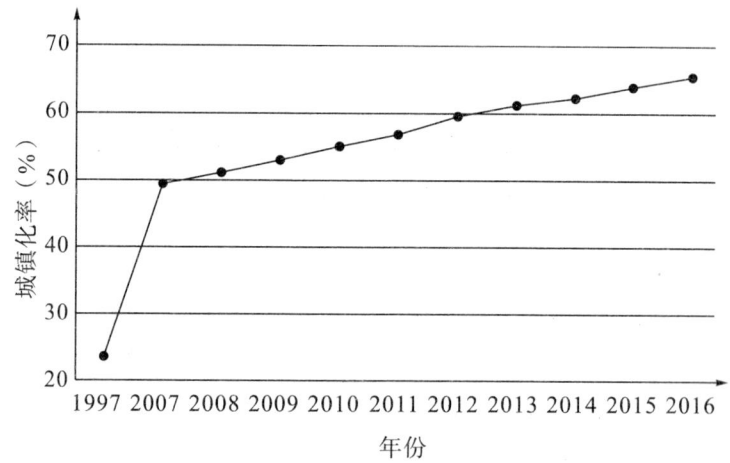

图 4-2 1997—2016 年万州区城镇化率变化趋势图

第二，城市空间布局的组团格局逐渐形成。重庆直辖前，万州区是四川省内川东地区唯一的地级市，下辖三区八县，市政府在现在万州区的老城区（包括已经被水淹没的部分）。彼时的万州发展相对落后，城市空间结构主要是沿长江北岸东西向延伸，形成了"线形"的空间布局。

重庆直辖后，万州区开启了城市建设的新纪元，在其他省市对口支援建设的背景下，五桥、周家坝、双河口等区域由于移民安置的需要，迅速发展成为现代化的新城区。万州区城市空间布局跨过长江，形成了"一江两岸、三大片区、七大组团"的城市空间格局。

2003 年，万州区长江二桥建成通车，开启了万州区城市建设"江南模式"，江南新区一跃成为万州区重点开发区，规划用地面积为 4.84 平方公里，建设用地面积为 4.21 平方公里，开发总量控制在 535.69 万平方米，居住人口容量控制在 8 万人以内。随着万州区政府等相关单位的迁入，江南新区进入了新时期，是万州区重点建设的重要文化新区、活力新区和宜居新区。至此，万州区形成了"一江两岸、三大片区、八大组团"的城市空间格局。

二、万州区海绵城市建设现状

2015年4月财政部、住房城乡建设部和水利部共同组织评审，将重庆等16个城市作为全国首批海绵城市建设试点城市。2016年3月，重庆市出台了《重庆市人民政府办公厅关于推进海绵城市建设的实施意见》，将万州区、璧山区、秀山县作为海绵城市市级试点区域（建设期为2016—2018年）。

（一）目标与要求

2017年11月，万州区城乡建设委员会编制完成了《万州区城市规划区海绵城市专项规划》（以下简称《规划》），并得到了区政府的同意和批复。《规划》站在万州区全局战略的高度，要求在城市规划、建设和管理的过程中全面贯彻海绵城市建设的理念，实现城市规划区海绵城市年径流总量控制率为70%，重点把径流控制率和污染物去除率分解到各个流域、各个管控单元和各个地块，争取到2020年，万州区中心城区建成区30%以上的面积达到海绵城市建设目标要求，建成市级海绵城市示范区[①]，力争实现"小雨不积水、大雨不内涝、水体不黑臭、热岛有缓解"的目标。

---

① 快看！万州要建一个新城，最新最权威详细规划新鲜出炉［EB/OL］. https://www.sohu.com/a/207387958_351337.

（二）建设现状

2018年以前，万州区海绵城市建设试点区域主要为高铁站区域和双河口移民安置区域。同时，长江二桥北桥头红沙碛水生态公园及城区道路等的海绵体建设也是万州区海绵城市建设的重要内容。

第一，高铁站区域海绵城市建设现状。万州高铁站即万州北站，是渝万城际列车的终点站，位于周家坝街道天子湖社区，于2016年9月正式建成，随后万州城市发展的方向开始向高铁站片区转移。2016年3月，重庆市将万州区作为海绵城市建设试点区县之一后，万州区于2017年将高铁站片区作为其海绵城市建设的现行试点区域。

万州区高铁片区规划范围东至万利高速公路、都历山西侧山脚，南至狮子山，西接申明坝工业园区，北至沪蓉高速公路。规划总人口15万人，规划城市建设用地面积1258.81公顷，包括居住用地、商业服务业设施用地，兼有公共服务、市政设施、绿化等用地。规划居住用地267.84公顷，公共管理与公共服务设施用地92.17公顷，商业服务业设施用地96.25公顷，道路与交通设施用地277.27公顷，绿化与广场用地190.14公顷，分别占建设总用地的21.39%、7.36%、7.69%、21.6%、15.19%。

万州区高铁站区域的海绵城市建设面积大约为3平方公里，包括13个海绵项目，其中一个湖泊公园——天子湖公园，一个工业厂房——雷士照明厂房，二个公共建筑——万州外国语学校和阳光敬老院，四个居民住宅小区，五条市政道路。高铁站区域的海绵城市改造与建设自2018年3月3日开工，工程主要涉及的内容见表4-3。

第四章 三峡库区水环境与城市建设现状及问题

表4-3 万州区高铁站区域海绵城市改造

改造与建设Ⅰ级设施	改造与建设Ⅱ级设施
低影响开发（LID）设施改造	绿色屋顶
	雨水花台
	雨水花园
	生物滞留带
	渗水路面
	植草沟
	渗透雨水管沟
雨污分流	雨污管网
海绵小区	透水砖人行道
	透水沥青车行道
	透水沥青停车场
	雨水盲管

第二，双河口移民安置区域海绵城市建设现状。万州区双河口街道是因三峡移民、安置需要而开发、建设起来的，辖区人口3.5万余人，面积23平方公里，海绵城市建设区域5平方公里，主要分布在龙宝河和杨柳河的两岸。万州区首条海绵道路就在此区域，该项目位于双河口街道一碗水小区，涉及搬迁一个货运站和一个汽车交易市场，以及新建一纵一横两条道路交叉的路口，另外还要对附近银碗新街道路实施综合改造。海绵道路的建设主要采用低影响开发技术，包括下沉式绿地和渗水人行道。该项目也对重庆三峡职业技术学院片区进行了"海绵"改造，对原有的老旧道路也已进行透水垫层的铺装工作。

第三，红沙碛水生态公园建设现状。红沙碛水生态公园位于万州区长江二桥北桥头的滨水区域，占地面积56600平方米，大小相当于 8 个足球场，其中，硬质面积 6800 平方米，绿化面积 27381 平方米，建有停车位 40 个，面积 1020 平方米。公园自 2016 年 8 月 1 日开始建设，2017 年 12 月建成并对外开放。红沙碛水生态公园以海绵城市建设理念为指导，园内有独特的随库区水位涨落而呈现不同风格的"弹性"景观。

公园以库区水位 173 米为分割线，173 米以上是人工草坪和观景平台，配以万州常见的大型乔木黄葛树和常绿乔木中山杉，173 米以下属于库区消落带的滩涂，以及人工护坡，这些地方种有固堤保土的低矮草本植物（如狗牙根）、植株较高大的观赏性植物（如芭茅、蒲苇、芦荻等）。

另外，公园还建造了小型荷花池、人工湿地、海沙池、下沉式绿地、透水路面等海绵体，有利于雨水的渗透和存储。

第四，老城区海绵体建设。万州区对老城区的海绵体建设历史最早可以追溯到 2014 年。当时的工程属于城市内涝整治，并没有海绵体这一说法。比如，在老城区的孙家书房路、百安花园、金陵路、南京路、万达广场、渝东大花园等 20 余地都进行了内涝整治工程，工程主要以修建大直径（一般内径为 3 米）的钢筋混凝土箱涵的排洪沟为主，2014 年以来老城区已经新建了 10 余条排洪箱涵。2018 年，万州区还整治了 30 余个易涝点。

另外，万州区政府还采用新型透水混凝土，在老城区修建了多个海绵停车位。海绵停车位的设计分为两个部分，一部分以生态绿地为主，另一部分以透水铺装为主。下雨的时候，雨水可以快速地渗透到地下，而干旱的时候，透水空隙又能蒸发水汽，降低地表温度。

第四节 万州区城市建设存在的问题

一、人进水退的现象不断发生

如同三峡库区的其他区县，万州区域内水系发达、溪流湖泊众多，但是随着城市建设的不断扩大、城市用地的无序扩展，原有的自然或人工海绵体被钢筋水泥代替，人进水退的现象不断出现，除长江和支流入江口水面因三峡大坝建设而扩大外，其他区内的长江支流、湖泊、塘堰等由于受到城市开发的影响而出现不同程度的萎缩、污染，甚至永远消失。比如，原万州区政治经济中心——高笋塘，就是一个著名的城市人工水塘，具有观光、蓄水、防涝、降污等作用，但是却被后来的钢筋水泥广场取代，完全失去了最初的生态功能。又如在万州区城郊的山湾塘，昔日这里是绿波荡漾的湖面，由于人类活动的不断侵入，最终成了一方耕地。针对万州区最大的人工湖泊——天仙湖，违规填湖、违规排污和倾倒垃圾等行为曾经屡禁不止，沿湖绿化用地被用作房地产开发，使得湖泊的海绵作用不断降低。

另外，在万州区高铁站海绵城市建设区域，项目调查发现，高铁站海绵城市建设过程中，对片区原有植被和蓄水系统破坏的现象并不少见，其中就包括对原有的塘堰湖泊进行了回填，只剩下部分湖面的天子湖公园。同时，该公园的海绵设计也比较缺乏，园区的道路渗水性不高（园内有600余平方米的塑胶地坪），树木涵水效果差（园内有大片的加拿利海枣树等热带植物）。另外，园区采用石头堡坎设计，将河道渠化，破坏了原有的滨河湿地系统和生态系统。

二、雨污混排现象没有得到杜绝

建城区的各组团普遍存在雨污混排现象，雨水管网还存在破裂、变形等问题。同时，万州区为典型的山区城市，城区斜坡路面较多，光滑且不透水的水泥或沥青路面导致雨水与污水直接排入下水道，最终进入长江。雨污混排既影响了雨水的保持与利用，也破坏了长江及其支流水质。

三、老城区建设滞后

万州区老城区建设早、用地紧张，三峡移民的迁入、城市规划的滞后，使得原有的老城区更加拥挤不堪，主要表现在以下几个方面。

（一）城市道路不足，路面狭窄

由于三峡库区蓄水，万州区老城区部分马路及以下部分被蓄水淹没，老城区不得不向上拓展空间。诗仙路、沙龙路等仅双向四车道，随着城市车辆的增加，占道停车位的规划使得原有的双向四车道变成三车道，拥挤状况加剧。同时，道路两侧高楼林立，道路不能扩宽。作为万州区老城区功能恢复的标志性工程——万州区北滨路修建起步较晚，但其规划却严重滞后，部分地段仅双向四车道，同时也未预留足够的雨洪排泄通道，致使北滨路"逢雨看海"的窘况不断。

（二）路面改造没有体现海绵特色

从目前的建设情况来看，无论是高铁北广场，还是周边道路,透水设计还比较欠缺。虽然有些路面做了透水铺层,但仍有不少路面、广场缺乏透水设计。比如,万州区高铁北站前广场,坚硬光滑的地砖和类似点缀的人工草坪,以及光秃秃的道路,难以保持雨水,雨水只能随着管道流失。

同时,在进行易涝点整治时,万州区采用的仍然是较为落后的修建混凝土箱涵的做法。虽然这种方法对于排涝、排污有一定的作用,但是对于雨洪再利用的价值较小,如此一来,雨洪排入长江及其支流的水体中,并对水质造成破坏。

(三) 城市绿化设施落后,盲目建设比比皆是

城市绿化缺乏雨洪管理理念,没有利用好山地城市的斜坡和梯田艺术,在绿化带上没有下凹式的坡面设计,在斜坡面上缺少梯田式蓄水设计等。另外,城市绿化植物过于追求新、奇、异,忽略了万州区及三峡库区特有的植被。

(四) 河道渠化、堤坝化严重

在河流整治的过程中,片面注重河岸的硬化,从而出现了一系列河道渠化、堤坝化严重的现象,导致河流蓄水能力、自净能力严重下降,这既体现在长江两岸河道的建设中,也体现在长江支流的改造中。建设与改造都过于追求河道的排水功能,而忽略了河流的雨水消纳、净化和循环的功能。比如在天仙湖、天子湖、五桥河、龙宝河、苎溪河等河流湖泊的整治过程中,就出现了较严重的渠化、堤坝化的现象。

(五) 过于追求现代化,破坏了三峡库区原有的文化特色

万州区高铁片区作为万州区的城市发展新中心,片区的建设可以使居民看得见山、看得见水,但是让居民"记得住乡愁"这

一目标却难以实现。从规划和当前的建设来看，现代化的西式建筑已经是高铁片区建筑的主要形式，三峡库区特有的建筑风格却被抛弃。海绵城市建设不但要让城市"会呼吸"，还要让城市"有特色"，而这个特色更多的是一种"乡土文化"、一种"乡愁"，相关的建设应该能让本地人"记得住乡愁"，让外地人"看得见特色"。

第五章　国内外海绵城市建设的模式

海绵城市理念最早来自美国的"雨水花园"设计理念，即人们通过自然形成或人工开挖的方式，设计出下沉式花园或绿地，以此来收集屋顶或地表的雨水，通过植物吸收和沙土渗透，雨水可以得到净化和涵养，供城市使用。多年的跟踪检测表明，雨水花园模式确实减少了雨水的地表径流量，最高可达80%。1999年美国马里兰州出台《低影响开发（LID）技术规范》后，美国各州陆续采用了LID技术，此后，全球多个国家和地区采纳、借鉴，并创新了雨洪管理技术和模式。

第一节　国外海绵城市建设模式

一、澳大利亚的海绵城市建设模式

20世纪90年代，澳大利亚在欧美雨水管理模式的基础上提出了水敏感城市设计（WSUD）的理念。该理念从雨洪的可持续利用出发，将城市的规划设计、水文管理、水处理等措施和技术进行整合，以实现雨水资源的生态价值、景观价值和美学价值。

澳大利亚南部滨海城市墨尔本的林布鲁克住宅区是澳大利亚水敏感建筑的代表。该住宅区居民容纳量为1700户,采用了WSUD元素——分集水区和街道尺度,以此来减少雨水的径流量,并对附近的涵养水源起到保护作用。WSUD一方面确实降低了地表雨水的径流量,使雨洪能够较快渗透,融入地下水源之中;另一方面人工湿地和雨洪渗透的方式使雨洪得到净化,最终实现自然生态系统的水平衡。因为林布鲁克住宅区在海绵城市建设中的突出表现,它获得了澳大利亚众多的奖项,并被澳大利亚城市发展研究所(Urban Development Institute of Australia, UDIA)称赞为"未来城市发展的先驱"。

二、新加坡的海绵城市建设模式

2008年,按照澳大利亚的雨水生物过滤系统模式,新加坡在巴拉姆建立了面积为240平方米的雨水生态过滤实验系统,其目的是改善汇入莫瑞娜海湾水库的地表雨水的水质。该系统包括400毫米的粗砂质壤土过滤层、100毫米的沙过滤层、由石头与硬木构成的600毫米永久淹没区和200毫米的砾石排水层,并对区域内的道路和停车场等进行了透水处理。同时,该地区还种植了风车草、红鞘水竹芋、香蒲等具有地域特色、适宜当地环境和气候的植被。结果表明,该系统对地表雨洪径流量起到了明显的降低作用,同时,检测结果表明每升径流中总氮、总磷和总悬浮物的含量分别是0.6毫克、0.1毫克和12毫克,比系统建立前降低。

三、以色列的海绵城市建设模式

作为沙漠农业发达的国家,以色列长期以来也致力于海绵城市的建设,并于2009年在卡法萨瓦建立了87平方米的雨水生态过滤系统(图5-1),其主要目的是将冬季的雨水,在经过过滤、渗透后,回灌地下水。在夏季,该系统则被用来处理遭受污染的地下水资源。卡法萨瓦雨水生态过滤系统由500毫米的粗砂质壤土过滤层、沙及纤维素碳源组成的700毫米永久淹没层构成,并种植了多种植被,包括莎草、乔木、灌木等。通过跟踪监测,该系对降低雨洪径流杂质、去除大肠杆菌和总大肠菌群起到了较好作用,水质完全符合以色列的灌溉标准,同时该系统还在脱氨和去除金属物质等方面具有较好的效果,检测出的26种金属浓度符合以色列应用水标准。

图5-1 以色列卡法萨瓦生态过滤系统

四、日本的海绵城市建设模式

日本是一个多雨、多台风灾害的岛国,雨洪处理一直是日本政府、社会和企业界关注的内容。1980 年,日本政府制订出台了雨水贮留渗透计划,以期实现对雨洪资源的管理和利用。在 1982 年出台的第二代城市下水总体规划将雨水渗沟、渗塘、渗水路面的建设正式列入其中,并规定此后新建和改建的公共建筑必须修建相应的雨洪就地下渗设施,而且还特别强制规定,在城市新开发的土地中,必须建造附属的雨洪调蓄池,面积为 500 立方米/公顷。通过这些强制性的规定,日本在全国范围内较快地建立了较为完整的雨洪管理与利用系统。1988 年成立的日本雨水贮留渗透技术协会进一步强化了相关机构对雨洪的管理与利用。

第二节 国内海绵城市建设模式

一、江苏省昆山市海绵城市建设

在国内,江苏省昆山市的海绵城市建设模式较为典型,其最初的海绵城市建设实践是从昆山市文化艺术中心的建设开始的,重点是通过生态功能景观来管控城市雨洪。该项目通过生态功能景观(比如人工湿地)与公共景观的结合,较好地对区域内雨洪径流量进行了控制,改善了蓄水池的水质,并自动调节了蓄水池中的水量。这样就不难解释,为什么之后在本项目附近的水体发生恶化和富营养化的时候,本项目范围内的水质仍然可以保持稳定。同时,该项目的重要推广价值还在于,如何对城市公共开放空间及城市传统景观等进行生态功能的改造,使其既能彰显城市开放空间和传统景观的审美价值,又能承载海绵体的生态价值,成为水质改善、微气候调节、雨洪留滞与渗透、保证生物多样性的重要载体。

二、福建省厦门市海绵城市建设

福建省厦门市是东南沿海重要的中心城市和国家首批海绵城市建设试点城市。自2015年以来,厦门市的海绵城市建设已经走过了多个年头,建设成效明显,这与厦门市的海绵城市建设政策和措施密不可分。

首先,厦门市为海绵城市建设制定了一系列的促进政策、技术规范和设计标准等,如《厦门市海绵城市建设专项计划(试行)》《厦门市海绵城市技术规范》《厦门市海绵城市建设技术标准图集(试行)》等,这些政策、技术规范等对海绵城市的建设进行宏观上的把控和技术指导,有效促进了海绵城市建设的快速推广。相应部门成立了厦门市海绵城市工程技术研究中心,负责全市海绵城市建设的规划、技术孵化与交流、人才培育等工作,有效解决了海绵城市建设技术缺乏、人才稀少等问题。

其次,加强对城市海绵体的建设。将老城区的灰色建筑改造为可以"呼吸"的海绵体,措施包括城市道路的透水铺装、绿化面积的增加、排水系统的改造与升级等。针对老旧小区玉荷里的海绵城市改造,就是从新增雨水花园、透水广场和植草沟的角度出发,以此缓解雨季积水内涝的问题。在新建的翔安区洋塘保障房片区，海绵城市的建设呈现系统化的特点，区域内雨洪的渗透、滞留和净化等各个环节都有相应的海绵体作为支撑，在上游，海绵体由雨水花园和植草沟等构成，对雨洪起到初步的渗透、滞留和净化的作用，然后主要通过旱溪公园、鼓锣公园内的下沉式绿地、透水路面、人工湖等海绵体对雨洪进行第二次的滞留、下渗、净化和调蓄。而针对小区生活污水的处理也配备了中水处理站，处理后的中水可以对小区日常用水进行补充，通过这一完整的循环系统，小区雨洪和生活用水得到了真正的循环利用。

第六章　以海绵城市建设为契机促进水环境治理的方案

通过对海绵城市理念的梳理，我们可以肯定，建设中国的海绵城市绝不能盲目照搬西方的现有理念，必须走出一条具有中国特色的海绵城市建设道路。

第一节　从观念转变的角度出发，重视海绵城市的理论建设

第一，之所以要建设海绵城市，就是因为人与自然之间、人与人之间的矛盾越来越尖锐，阻碍了社会生产力的健康、持续、稳定发展。

第二，建设海绵城市不是"为了海绵而海绵"或"为了绿色而绿色"，只有在海绵城市建设过程中牢固树立"以人为本"，而不是"以利润为本"的思想，才能真正建设人与自然和谐统一、人与人和谐统一的城市生态环境和人态环境。

第三，建设海绵城市应该坚持理论为先、技术为辅的原则，不盲目照搬西方技术，不否定中国古人的集体智慧，构建具有中国特色的社会主义海绵城市理论体系，才能体现海绵城市建设的

"中国特色、中国风格、中国气派"。

第二节　因地制宜地应用海绵技术，保证技术使用绿色化、中国化

海绵城市建设显然需要使用海绵技术，比如将雨污混排改为雨污分排。但技术的使用也需要因地制宜、科学合理。英国经济学家杰文斯的研究表明，科学技术的使用不会减少自然资源的消耗。雨污分排、绿色屋顶、绿色草坪等技术的采用，导致城市用水量的增加和污水排放量的增加。因此，在进行海绵城市建设的过程中，我们虽然不反对技术的应用，但是其使用必须是有中国特色的和"绿色的"。

第一，避免"技术中心主义"。反对盲目地采用所谓的先进技术，而忽略了技术与生态、技术与人态的结合。所有技术采用之前，首先要解决好人与自然、人与人、整体与局部、当前与今后、当代人与后代人之间的关系。比如绿色基础设施的修建，必须充分考虑绿色基础设施建设前、中、后的资源消耗、废物制造、维护成本等问题，又如一些海绵公园中大面积的高耗水、高维护的绿色草坪等，仅仅满足了形式上的海绵效果，其带来的一些环境相关问题却被选择性忽略了。

第二，坚持以人为本。法国思想家安德烈·高兹指出，在当代西方，随着科技的发展及科技的使用，出现了严重的生态危机：资源的滥用导致资源的枯竭，空气、水、土壤的工业污染，

特别是核污染正摧毁全球的生态系统。① 因此,建设海绵城市必须坚持以人为本,充分考虑城乡居民的物质、文化、精神和生态需要。

第三,充分吸收古人的"海绵"智慧结晶。在吸收国外先进技术的同时,充分考虑国内城市在地理、气候、人文、历史等方面的不同,因地制宜地采用海绵技术,充分吸收我国古人的智慧结晶,做到"中西结合""古今结合"。

第三节 构建海绵城市建设投融资机制,加快城市水环境治理

海绵城市建设是一项艰巨而长远的工程,存在建筑面积大、建设成本和管理维护成本高、建设周期长等一系列现实问题,仅靠中央和地方财政的拨款,难以在全国范围内快速推广。因此,需要从政府、社会、个人的角度出发,积极构建多元化的海绵城市投融资机制和体系。

一、海绵城市建设过程中投融资机制和体系构建的经验

发达国家的海绵城市建设投融资体系相对完善,比如美国PPP模式②、日本雨水补贴制度和德国征收雨水排放费制度等。

---

① André Gorz. Ecology as Politics [M]. Cambridge: South End Press, 1980.
② PPP (Public Private Partnership),即公共部门与私人企业的合作模式,是公共基础设施的一种项目融资模式。

从国内的实践来看，广西南宁那考河治理和重庆大悦城海绵城市建设的经验值得借鉴。

（一）广西南宁那考河湿地公园建设过程中的投融资机制和体系

在广西南宁那考河湿地公园建设过程中，采取的是"BOT＋EPC"模式①，即由政府和社会资本合作，由社会资本负责项目的设计、采购、施工、试运营，在特许权期限届满时交给政府，其中政府和社会资本的出资占比为10∶90。目前，那考河湿地公园已经建成并向公众开放，昔日的臭水沟已成为如今的湿地公园。2017年南宁市那考河海绵城市建设项目获得了"中国人居环境奖"。

（二）重庆大悦城海绵城市项目建设过程中的投融资机制和体系

重庆大悦城海绵城市项目中道路、小区和公共建筑部分低影响开发系统由政府出资建设，而污水处理厂和配套经营性设施则采取"BOT"和"PPP＋金融贷款"的模式建设，其中政府出资、社会资本、金融贷款的占比为18∶22∶60，从而有效解决了海绵城市建设过程中政府财政资金可能不足的问题。

（三）其他海绵城市建设过程中的投融资机制和体系

国内其他地区在进行海绵城市或海绵体建设过程中，也积极

---

① BOT（Build-Operate-Transfer）模式，即建设－经营－移交，是私营企业参与基础设施建设，向社会提供公共服务的一种方式。EPC（Engineering Procurement Construction），即公司受业主委托，按照合同约定对工程建设项目的设计、采购、施工、试运营等实行全过程或若干阶段的承包。

吸引外部资金,构建了较为有效的投融资体系。

重庆市璧山区的海绵城市建设采用的是"PPP+ABS①"模式,该模式以项目所属资产为支撑,通过发行债券来募集项目资金,其优势在于资金募集的成本较低,保证了项目的顺利实施。

安徽省池州市的市政污水处理项目采取的是"TOT+ROT+BOT"②模式,政府将存量项目整体打包转移给社会资本,并允许其投资、建设和运营,以此达到撬动更大社会资本的目的。

贵州省贵阳市贵安新区和湖南省常德市的污水处理项目采取的是"TOT+特许经营"模式,即政府在"TOT"模式的基础上,与社会资本签订长期的特许经营合同,并按照水质考核和按效付费的方式激发社会资本活力,保证项目长期、优质、高效地运营。

二、三峡库区海绵城市建设过程中投融资机制与体系的建立

综上所述,在海绵城市建设过程中,政府与社会资本合作,进行融资建设,是目前国内外海绵城市建设过程中解决资金问题

---

① ABS(Asset Backed Secularization),是以项目所属的资产为支撑的证券化融资方式,即以项目所拥有的资产为基础,以项目资产可以带来的预期收益为保证,通过在资本市场发行债券来募集资金的一种项目融资方式。

② TOT(Transfer-Operate-Transfer),即移交-经营-移交,是指政府部门或国有企业将建设好的项目的一定期限的产权或经营权,有偿转让给投资人,由其进行运营管理,投资人在约定的期限内通过经营收回全部投资并得到合理的回报,双方合约期满之后,投资人再将该项目交还政府部门或原企业的一种融资方式。ROT(Renovate-Operate-Transfer)模式,即"重整-经营-移交"模式,是指特许经营者在获得特许经营权的基础上,对过时、陈旧的基础设施项目的设施、设备进行改造更新,在此基础上由特许经营者经营约定年限后再转让给政府的一种融资方式。

的重要途径。三峡库区的海绵城市建设是一项资金需求较大的工程，如果项目资金不足，不仅难以按时按质完成工程，还可能造成工程流产、烂尾、质量不达标等严重后果。为此，在建设海绵城市的过程中，应充分、积极吸引社会资本的加入，以解决政府资金和债务压力过大的问题。而且，在此过程中，必须明确以下几点：

（一）建立并完善对社会资本的激励机制

海绵城市建设规模大、成本高、周期长，是制约社会资本进入的重要原因。因此，政府应该通过设置合理的项目运营年限、专项缺口付费制度、生态设施建设积分卡制度[①]、资源补偿模式[②]、生态设施附属收益制度[③]等，建立激励机制。

（二）建立并完善多元化的协同融资体系

海绵城市建设与其他基础设施建设不同，它具有较强的外部性，即海绵城市建设的受益方除了投资主体，包括更多的社会大众，具有极大的生态效益和社会效益。因此，传统的"谁受益、谁投资"模式在海绵城市融资过程中往往会受阻。参照国内外的做法，可以实施的措施有：

---

① 生态设施建设积分卡制度，即是对在生态建设过程中做出积极努力和成果的企业予以积分并累加，为其以后在项目投资、经营等方面给予优先权的生态建设融资模式。

② 资源补偿模式，即是政府通过将土地、矿产、旅游等资源的开发与非经营性或准经营性的项目相结合，确保社会资本的合理投资回报和盈利，以吸引社会资本投资公共项目建设的模式。

③ 生态设施附属收益制度，是指政府在与社会资本合作的基础上，为了保证和激励社会资本的积极性，通常可以允许社会资本修建一些收费性质的盈利附属设施，如收费的生态园、生态停车场等。

第一，可以在三峡库区率先试行征收生态税，实现"谁受益、谁付费"，发放"绿色补贴①"，实现"有投资、有补贴"。

第二，通过征收雨水排放费或发放雨水排放许可证，鼓励个人和企事业单位自觉进行生态环境改造，增加环境中海绵体的数量和规模，减少政府投资的压力。比如，美国多个州都按照"等效住宅单位"（ERU）的计算方式，按照住户房屋中因夯实而不能下渗雨水的面积，向住户收取雨水排放费。所收取的费用用于雨水处理设施与设备的修建、更新和维护。德国也有类似的制度。

第三，可以借鉴国外的"绿色赠款"战略，制定"绿色三峡"个人生态捐赠激励制度，以此鼓励人们积极参与三峡库区的生态环境保护与修复。

第四，在三峡库区建立"绿色屋顶基金"，鼓励三峡库区的城乡居民按照川东民居的传统建设样式，恢复或新建悬山式、歇山式屋顶，既有利于雨水的排放，也有利于恢复和弘扬地方建筑的特色。

第四节 注重原生态景观建设，促进库区生态环境的保护与修复

海绵城市建设过程中，景观建设是其重要的内容，包括雨水花园、下沉式绿地等都是海绵景观的重要表现。但是，在海绵城

---

① 在日本，政府会对利用雨水的家庭或企业进行补贴，一立方米以上的雨水罐可以获得最高4万日元的补贴，地下出水槽按面积也可获得30万~100万日元的补贴。

市建设过程中，有些地方只追求景观的形式，而忽略了其内在的本质和因地制宜的原则，盲目栽种引进的植物，这既增加了海绵城市建设和后期维护的成本，也违反了生态多样性的原则，容易引起外来物种的入侵和本地物种的消亡，而且还无法实现海绵体应有的作用和功能。

鉴于三峡库区在中国生态大环境中的重要作用，在海绵城市建设的过程中，必须严把生态关，杜绝形式主义和拿来主义，严格从三峡库区原生态的角度出发，保护并繁殖当地的特有植被，如黄葛树、山茶花、百合、报春等、冷杉、罗汉松、小叶女贞、毛叶丁香等都是易栽种、易管理的区域性常见植物。

第五节　构建立体的雨洪循环利用系统，高效回收利用水资源

三峡库区是典型的山地丘陵地貌，部分地段山高坡陡，且植被覆盖率较低，这就导致了库区雨洪资源大量通过地表径流的方式直排入江河，大大降低了雨洪的利用率，并给库区水体带来了严重的污染。库区城乡路面坡道大、街道窄、绿化稀疏，这种情况在城镇更加严重。因此，从三峡库区水环境治理的角度出发，必须解决库区山地城市雨洪资源回收利用程度低、污染严重的问题，实现雨洪资源的立体循环利用。从海绵城市建设的角度来看，至少应从以下几个方面入手。

第六章 以海绵城市建设为契机促进水环境治理的方案

一、山地城市水资源立体循环利用，必须做到雨洪上游、中游、下游的循环联动

第一，雨洪上游即山地城市的制高点，通常表现为山体的顶端，比如万州区城市雨洪的上游即万州区重点打造的九大山头（天生城、翠屏山、龙冠山、龙宝山、太白岩、狮子山、都历山、万斛城、戴家岩）。这些山头主要以生态公园、大型乔木、山顶水塘、自然河道（溪道）等形式实现雨洪的渗透、滞留和下排，从而减少雨洪对山体的冲刷和破坏，降低雨洪运沙量。

第二，雨洪中游为山体与城市的交界处，是雨洪自山地或坡道进入城市的重要过渡地段，能否有效降低城市内涝，城市雨洪中游治理显得尤为重要。中游治理主要以建设下沉式绿地、雨水公园、雨洪调节池等实现雨洪的渗透、滞留、净化和利用，尽量降低雨洪对城市的冲击和破坏。

第三，雨洪下游主要是城市生产生活区域，这些区域人口密度大、污水及废弃物排放多、道路狭窄且坡道大，给山地城市的城内雨洪处理带来了较大困难，因此需要针对山地城市设计透水铺装、坡面屋顶、家庭雨水收集器、下沉式绿地、雨水花园等绿色基础设施，以减少雨洪的路面径流量，提升雨洪的渗透率和循环利用率，并对自然河道进行维护，杜绝对河道的渠化改造、堤坝改造等。

二、山地城市水资源立体循环利用，还必须加强对城市中水的循环使用

中水是针对上水（供水）和下水（排水）而言的，主要是指

城镇居民的生活污水或生活废水，如厨房、洗手间的污水或废水。对中水进行集中处理，使之达到城镇绿化、便池、冷却、涂装和消防等用水所需的标准，但又低于饮用水标准，可实现对中水的循环利用，从而减少城市管网和污水处理的压力。

从技术的角度来讲，中水处理的技术包括物理除垢法、化学除垢法、降低微生物法、速分生化处理法和膜处理法等。

从经济学的角度来讲，城市中水循环使用可以采用分质供水、生态补偿、价格歧视等办法。首先，从分质供水的角度讲，就是针对用水主体的不同，供给不同质量的水，绝不能采取"一刀切"的方式，对各种用水主体供给统一水质的水，必须做到"好钢用到刀刃上""好水用在饮用上"，像城市植被绿化用水、消防用水等，一般供给处理后的中水，而生活用水则采用严格处理后达到饮用标准的水。其次，从生态补偿的角度讲，要对积极兴建了中水回用设施、开展了中水回用的企事业单位和居民给予现金补偿、实物补偿或政策优惠等；相反，对水资源粗放使用、任意排放、中水回用设施不达标的企事业单位和居民进行现金处罚、行政处罚，情况严重的要进行刑事处罚。最后，从价格制订的角度讲，对企事业单位和居民的水资源使用量进行价格上的区别对待，对使用量高的企事业单位和居民进行价格上调，对使用量低的则进行价格下调，以达到减少水资源使用量的目的，这是实现三峡库区水环境保护与治理的重要途径。